LE COMMERCE ET L'INDUSTRIE DU PÉTROLE EN FRANCE

LE COMMERCE

ET L'INDUSTRIE

DU

PÉTROLE EN FRANCE

PAR

ANDRÉ LÉVY
DOCTEUR EN DROIT

PARIS
—
1923

TABLE DES MATIÈRES

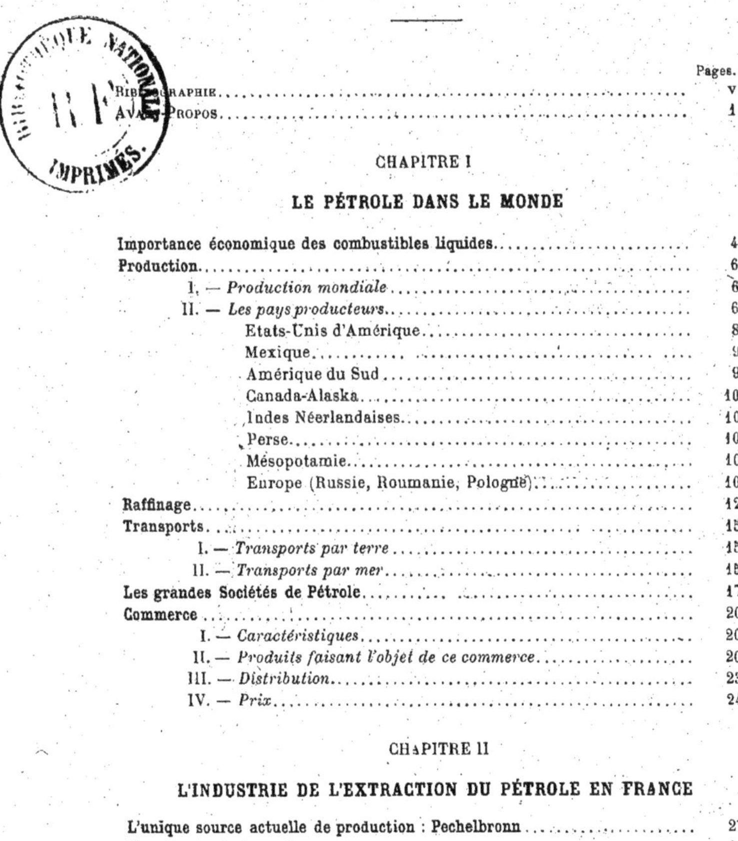

Pages.

CHAPITRE I

LE PÉTROLE DANS LE MONDE

CHAPITRE II

L'INDUSTRIE DE L'EXTRACTION DU PÉTROLE EN FRANCE

CHAPITRE III

LA CONSOMMATION DU PÉTROLE EN FRANCE ET L'APPROVISIONNEMENT DU MARCHÉ FRANÇAIS

CHAPITRE IV

ORGANISATION DU COMMERCE DU PÉTROLE EN FRANCE

CHAPITRE V

LES PRIX DU PÉTROLE ET DE L'ESSENCE EN FRANCE

A. — Éléments constitutifs.

B. — Les prix français.

CHAPITRE VI

L'INDUSTRIE DU RAFFINAGE EN FRANCE

CHAPITRE VII

LE RÉGIME INTÉRIEUR DU PÉTROLE EN FRANCE

BIBLIOGRAPHIE

OUVRAGES FRANÇAIS

Albert (P.). — *La situation pétrolifère actuelle au Caucase* (Paris, 1922).

André (Robert). — *L'industrie et le commerce du pétrole en France* (Thèse pour le doctorat. Paris, 1910).

Apostol (Paul) et Michelson (Alexandre). — *La lutte pour le pétrole et la Russie* (Paris, 1922).

Bérenger (Henry). — *Le pétrole et la France* (Paris, 1920).

—— *La politique du pétrole* (Paris, 1920).

Bonand (R. de). — *Le pétrole* (Paris, 1921).

Chambrier (Paul de). — *L'historique de Pechelbronn* (Neuchâtel, 1919).

—— *L'exploitation du pétrole par puits et galeries* (1921).

Chautard (Jean). — *Les gisements de pétrole* (Paris, 1922).

Courau (Robert). — *Technique des pétroles* (Paris, 1921).

Davin (E.). — *L'industrie pétrolifère à Bakou, Grosny, Emba, sous le régime soviétique* (Paris, 1921).

Delaisi (Francis). — *Le pétrole* (Paris, 1921). (Traduit en anglais sous le titre : *Oil, its influence on politics.* — Londres, 1922).

Delehaye (Henri). — *Huiles minérales* (Paris, 1911).

Deutsch de la Meurthe (Henry). — *Le pétrole et ses applications.*

Durandin (Paul). — *Atlas des régions pétrolifères de la France (Carte des indices minéralogiques et toponymiques)* (Paris, 1920).

Ferdinand-Lop (S.). — *Le pétrole en France* (Paris, 1920).

Fundatiano. — *L'industrie du pétrole en Roumanie* (Thèse pour le doctorat. — Paris, 1912).

Gascheau (Maurice). — *La question des pétroles* (Thèse pour le doctorat. — Paris, 1903).

Gensoul (Maurice). — *Le monopole des pétroles par l'État en France* (Thèse pour le doctorat. — Paris, 1903).

Gréciu (Basile). — *La politique du pétrole en France* (Thèse pour le doctorat. — Paris, 1921).

Hardel (Jean-A.). — *Recherche et exploitation du pétrole* (Paris, 1922).

Jauch. — *Le pétrole et son industrie* (Paris, 1921).

Labarthe (Émile). — *Le pétrole et l'État* (Paris, 1920).

LAUR (Francis). — *La France pétrolière* (Paris, 1922). (Le dernier fascicule paraîtra en 1923).

LEPAGE (Louis). — *L'Impérialisme du pétrole* (Paris, 1921).

LEROY (Maurice). — *Les emplois, l'industrie et le commerce du pétrole* (Thèse pour le doctorat. — Lille, 1913).

L'ESPAGNOL de la TRAMERYE (Pierre). — *La lutte mondiale pour le pétrole* (Thèse pour le doctorat. — Paris, 1921).

MARTIN (Commandant). — *Le pétrole* (Paris, 1922).

MAURETTE (F.). — *Les grands marchés des matières premières* (Paris, 1922).

NICOLESCO (Th.). — *La production, la taxation et la consommation du pétrole en Roumanie* (Thèse pour le doctorat. — Paris, 1907).

POMARET (Charles). — *La politique française des combustibles liquides* (Pétrole. — Charbon liquide. — Alcool. — Le carburant national). (Paris, 1923).

—— *La politique coloniale (y compris Algérie, Tunisie, Maroc) du combustible liquide* (en préparation).

RICHE et HALPHEN. — *Le pétrole.*

SERDARU (Virgiliu Stéf.). — *Le pétrole roumain* (Thèse pour le doctorat. — Paris, 1921).

SEURAT (Clément). — *Le pétrole au point de vue économique et fiscal* (Thèse pour le doctorat. — Bordeaux, 1912).

WENGER (Léon). — *Le pétrole* (Production, industrie, commerce) (Paris, 1913).

OUVRAGES ANONYMES

Les combustibles liquides et leurs applications (Édité par le Syndicat d'application industrielle des combustibles liquides) (Paris, 1921).

Emploi des combustibles liquides (Édité par la Compagnie Occidentale des produits du pétrole) (Paris, 1921).

OUVRAGES DE LANGUE ANGLAISE

LIDGETT (Albert). — *Petroleum* (Londres, 1919).

MITZAKIS (Marcel). — *The Oil Encyclopedia* (Londres, 1921).

POGUE (Joseph E.). — *Economics of Petroleum* (New-York, 1921).

SKINNER (Walter R.). — *Oil and Petroleum Manual* (Londres, 1922).

SMITH (P.-G.-A.). — *The Shell that hit Germany hardest* (Londres, 1920).

OUVRAGE ANONYME

Petroleum Register (New-York, 1922).

OUVRAGE DE LANGUE ITALIENNE

MONTI (Mario). — *Il Mercato mondiale de petrolio dal 1900 ad oggi* (1923).

OUVRAGES DE LANGUE ALLEMANDE

ENGLER. — *Das Erdöl* (Berlin, 1911).
REICHENHEIM (Dr Peter). — *Die wirtschaftliche Bedeutung der flüssigen Treibstoffe* (Berlin, 1922).

PÉRIODIQUES

PÉRIODIQUES FRANÇAIS

Le Courrier des Pétroles.
Le Journal du Pétrole.
Les Matières Grasses.
La Revue Pétrolifère.

PÉRIODIQUES AMÉRICAINS

International Petroleum Reporter.
Journal of Commerce.
The Lamp.
Oil Age.
Oil City Derrick.
Oildom.
Oil and Gas Journal.
Oil Paint and Drug Reporter (Petroleum Section).
Oil Trade Journal.

PÉRIODIQUES ANGLAIS

Journal of the Institution of Petroleum Technologists.
Oil News.
The Petroleum Review.
The Petroleum Times.
The Petroleum World.

PÉRIODIQUES ROUMAINS

Le Moniteur du Pétrole Roumain.
La Roumanie Pétrolifère.

PÉRIODIQUES ALLEMANDS

Petroleum-Zeitschrift.
Tägliche Berichte über die Petroleum Industrie.

AVANT-PROPOS

Nous n'avons pas eu la prétention dans ce travail d'épuiser la question du pétrole, question qui est d'une ampleur peu commune, à cause de la multitude de ses aspects techniques, économiques et politiques. Nous avons borné plus modestement notre effort à l'étude du commerce et de l'industrie du pétrole en France : l'industrie de l'extraction, l'organisation commerciale, le fonctionnement du marché français (consommation et prix), l'industrie du raffinage et le régime légal du commerce des pétroles sont les subdivisions propres à un pareil sujet. Au risque de ne pouvoir échapper par la suite à d'inévitables répétitions, nous avons cru bien faire de consacrer un premier chapitre à une rapide étude du pétrole dans le monde, envisagé du point de vue français.

Nous avons par ailleurs omis volontairement, malgré leur intérêt incontestable, un certain nombre de questions touchant de très près au commerce des pétroles, mais qui nous eussent entraînés à des développements incompatibles avec le cadre de cet ouvrage ; c'est ainsi qu'il n'a été qu'incidemment parlé de l'historique des grands trusts, de la politique internationale, du problème du carburant national, de la législation minière relative à l'extraction du pétrole, etc.

On nous pardonnera également de n'avoir pas toujours mesuré la longueur de nos exposés à l'importance du sujet traité. Dans une matière qui a fait depuis la guerre l'objet de tant d'ouvrages, d'articles de journaux et de revues, de travaux de toutes sortes, les sentiers non battus sont rares ; aussi nous sommes-nous parfois attardés, plus que la logique ne l'eût exigé, sur les points où nous avions aperçu ou cru apercevoir quelque nouveauté.

Qu'il nous soit permis de renouveler ici nos remerciements à tous ceux qui ont bien voulu nous faire bénéficier de leur documentation ou nous guider de leurs conseils.

CHAPITRE I

LE PÉTROLE DANS LE MONDE

A l'exception de Pechelbronn et des quelques gisements nord-africains, qui ne lui fournissent pas le dixième de sa consommation, la France n'est pas un pays producteur de pétrole ; cette constatation de fait suffit pour faire ressortir à quel point l'activité pétrolière française est conditionnée par l'extérieur : il serait par suite impossible d'étudier les choses du pétrole en France sans les avoir d'abord situées, en tant qu'éléments d'un ensemble mondial, par un bref examen général.

Nous omettrons complètement dans ce court exposé toutes les questions de technologie des pétroles, qu'on trouve fort bien traitées dans un nombre toujours croissant de livres récents [1] ; nous ne chercherons pas davantage à présenter, en un raccourci d'ensemble, toute la question du pétrole dans le monde : un certain nombre de publications et de travaux parlementaires s'y sont, dans les dernières années, essayé avec un succès suffisant ; mais nous nous efforcerons, autant que possible, de marquer surtout les caractères récemment apparus, que nous croyons apercevoir et par lesquels la situation actuelle, au point de vue pétrole, se distingue de celle qui existait dans un temps encore très rapproché de nous, après l'armistice par exemple.

1. Voir bibliographie.

Ce tableau, brossé à larges traits, n'aura — pourquoi se le dissimuler? — qu'une valeur très éphémère. Branche d'activité relativement très récente — en 1859 elle en était aux premiers balbutiements — l'industrie du pétrole doit à sa jeunesse d'évoluer avec une rapidité étourdissante. Tel fait qui la domine aujourd'hui sera complètement oublié demain : au moment où paraîtront ces lignes, nombre d'entre elles seront peut-être déjà périmées.

I. — IMPORTANCE ÉCONOMIQUE DES COMBUSTIBLES LIQUIDES

Au problème des subsistances nécessaires à l'alimentation du peuple, qui tourmenta pendant longtemps économistes et gouvernements, est venu s'adjoindre dans les temps modernes, avec le développement du machinisme, le problème du combustible destiné à l'alimentation des moteurs. Peut-être même ce dernier problème a-t-il surpassé le premier en importance, et il ne serait pas paradoxal de prétendre que, de nos jours, une pénurie de combustibles aurait, pour l'activité économique d'un pays aussi industrialisé que le nôtre, des conséquences non moins redoutables qu'une disette de céréales.

En attendant que l'on ait réussi à capter la chaleur solaire, à utiliser l'énergie contenue dans les vagues et dans les marées ou à désintégrer l'énergie intra-atomique — et abstraction faite des vents à la vitesse trop capricieuse — les seules forces naturelles de quelque importance sur lesquelles l'homme puisse compter aujourd'hui pour actionner ses machines sont : les chutes d'eau, les charbons et le pétrole. La houille blanche et la houille verte constituent un réservoir toujours renouvelé d'énergie; mais, malgré les progrès réalisés dans la construction des lignes à haute tension, la distribution du courant électrique, incapable de dépasser un certain périmètre, est limitée à un pays ou même à une région. Susceptibles d'être transportés par chemin de fer ou par bateau, le charbon et le pétrole peuvent au contraire dégager l'énergie qu'ils renferment à quelque distance que ce soit de leur lieu de production.

Si l'on compare entre elles ces deux dernières sources d'énergie, on doit reconnaître la grande supériorité que possède le pétrole sur le charbon. Cette supériorité réside autant dans le plus grand pouvoir calorifique du pétrole que dans l'état liquide qui le caractérise ; sa fluidité permet dans les différentes phases de sa vie économique : extraction, raffinage, transport, consommation, de le manutentionner par des moyens mécaniques simples et relativement peu coûteux (tuyaux et pompes). La main-d'œuvre jouant pour le pétrole un rôle très réduit, il est moins exposé que le charbon à subir le contrecoup des exigences ouvrières, ou, s'il les subit, son prix de revient ne s'en trouve pas sensiblement augmenté.

Remarquons d'ailleurs que le pétrole, dont la production a doublé depuis la guerre et qui l'emporte si nettement sur le charbon par ses qualités intrinsèques, ne représente pas encore pour ce dernier un rival fort redoutable : la production du charbon, bien que stationnaire depuis quelques années, continue à dépasser de très loin celle du pétrole : en 1921, au regard de la quantité de combustibles minéraux solides extraits du sol, la production du pétrole ne représentait que 9,6 % en poids et 16 % en pouvoir calorifique [1]. Il est donc foncièrement inexact de prétendre, ainsi qu'on le voit trop souvent écrit, que le pétrole ait « détrôné le charbon ». Cette assertion se vérifiera peut-être un jour, mais actuellement on doit — surtout dans les pays non producteurs — considérer le pétrole comme un combustible de luxe, utilisable seulement dans les cas où son emploi procure, par rapport au charbon, un meilleur rendement.

1. Encore faut-il remarquer que la production de charbon avait été en 1921, en partie à cause de la grève des mineurs anglais, exceptionnellement faible.

II. — PRODUCTION

Production mondiale. — La production de pétrole brut dans le monde a été, en 1921, de 105.420.000 tonnes, en augmentation de 9,2 % sur l'année précédente; la montée de la courbe de production se poursuit ainsi d'une allure régulière.

Répartition de cette production dans le monde: l'hémisphère nord surpasse actuellement de beaucoup en richesses l'hémisphère sud et dans l'hémisphère nord, les États-Unis et le Mexique occupent une place prépondérante.

États-Unis d'Amérique. — L'élimination temporaire de la Russie, et surtout la réduction momentanée de la production mexicaine, permettent aux États-Unis d'affirmer leur prédominance en matière de pétrole; d'après les chiffres de 1921, — les derniers qui aient été publiés [1], — ils ont produit environ 67 millions de tonnes de brut, soit plus de 63 % de la production mondiale ; en y joignant 18 millions de tonnes d'importations du Mexique, il a passé par les réservoirs américains environ 85 millions de tonnes, soit près de 81 % de la production mondiale.

Parmi les faits nouveaux de la production américaine, on peut relever d'abord une interversion toute récente dans la liste des États producteurs, la Californie occupant, depuis le deuxième semestre de 1922, la première place, et suivie de près par l'Oklahoma; — l'épuisement rapide de certains champs à production formidable, comme Mexia, plus que compensé d'ailleurs par la découverte de gisements nouveaux : pour ne citer que les plus importants, le Teapot Dome [2], où des puits abondants font prévoir que le Wyoming ne tardera

1. Les chiffres de 1922 ne sont pas encore connus : on estime que la production dépassera celle de 1921 d'au moins 12 millions de tonnes.

2. Les terrains du Teapot Dome faisaient partie des réserves appartenant à la Marine de Guerre américaine ; ils ont été récemment adjugés à la Mammoth Oil C°, fondée en vue de cette exploitation par la société Sinclair.

pas à compter parmi les États gros producteurs de l'Union; les champs de la Californie du Sud (Signal Hill et Santa Fé Springs), les nouveaux terrains de l'Oklahoma (Burbanks et Tonkawa), le Smackover *pool* dans l'Arkansas.

Comme caractère d'ensemble, à l'heure actuelle, il est certain que les prix anormalement élevés maintenus pour le brut pendant le premier semestre de 1922 ont conduit durant toute l'année à une production supérieure aux besoins; tant que les stocks de brut que les grandes sociétés affiliées à la Standard, escomptant une diminution des importations mexicaines, se proposaient de se constituer, n'étaient pas arrivés au niveau voulu, les prix sont restés au-dessus de ceux que la demande proprement commerciale eût établis. Il en est résulté une campagne de forage trop intense; dès l'arrêt des achats effectués pour stocker, il y a eu excès de brut, baisse des prix, si bien que le problème du moment, celui qui agite tous les producteurs aux États-Unis, est non pas d'augmenter mais de restreindre la production pour arriver à faire pratiquer des cours de brut plus rémunérateurs. Il va sans dire qu'il s'est révélé malaisé, peut-être impossible, de grouper les intérêts souvent divergents des différentes sociétés productrices : chacune suggère volontiers à ses voisines de réduire leur production, mais ne peut se résigner elle-même à ralentir ses propres forages. Des congrès variés ont été tenus; ils ont proposé comme palliatif que les producteurs, jusque-là obligés d'en passer par où le voulaient les sociétés de transport par pipelines, installent dorénavant des réservoirs et stockent eux-mêmes leur brut, pour attendre des temps meilleurs : le prix des réservoirs a aussitôt monté, de telle sorte qu'il est improbable que ces décisions puissent recevoir de mise à exécution générale. Enfin, le Gouvernement lui-même est intervenu : usant de ses prérogatives administratives sur les territoires Indiens de l'Oklahoma, le secrétaire d'État à l'intérieur a interdit provisoirement tout nouveau forage dans les terrains d'Osage, comprenant en particulier le champ prolifique de

Burbanks. Si remarquable que puisse paraître cette intervention gouvernementale (cette interdiction n'a pas tardé d'ailleurs à être rapportée) en vue d'enrayer la baisse du prix des bruts, il ne faut cependant lui attribuer qu'une valeur de symptôme : elle a porté sur un trop faible pourcentage de la production américaine et a été de trop courte durée pour avoir grande influence. A la fin de 1922, par suite du fléchissement des exportations mexicaines, la crise de surproduction semblait d'ailleurs être en partie enrayée : au début de 1923, le brut de Pensylvanie enregistrait plusieurs hausses successives. Mais cette indication n'est pas absolument probante : il sera dit plus loin comment des influences font jouer peu librement aux États-Unis, en matière de pétrole, la loi de l'offre et de la demande.

Mexique. — L'envahissement des puits mexicains par l'eau salée a fait l'objet dans les journaux financiers d'entrefilets quotidiens, pas toujours purement objectifs. Dégagée des intérêts de Bourse, il semble que la vérité se ramènerait à ceci : toute la production mexicaine provenait au début de 1922 d'un très petit nombre de kilomètres carrés, situés près de la côte et exploités intensivement.

Les différentes sociétés, devant le désordre politique et les variations fréquentes de la législation, n'ont pas voulu investir les capitaux considérables nécessaires pour mener les campagnes continues d'exploration géologique qui, pendant la vie d'un champ pétrolifère, préparent l'arrivée à la production du champ suivant. Elles se sont donc trouvées prises de court lorsque s'est manifesté, dans les premiers mois de 1922, un phénomène très normal : l'apparition d'eau salée dans les puits de Toteco-Cerro Azul, qui fournissaient près des trois quarts de la production mexicaine. En peu de mois, presque tous les puits de cette région étaient atteints [1],

1. Le champ de Toteco produisait 35.000 tonnes par jour au début de 1922 ; à la fin de cette même année, sa production quotidienne était tombée à 14.000 tonnes, avec tendance vers la baisse.

un certain nombre d'entre eux continuant d'ailleurs à fournir des quantités appréciables de brut par *stripping* (exploitation ralentie avec périodes de repos).

Les campagnes d'exploration sont des opérations de longue haleine, et bien que les diverses sociétés les aient entreprises aussitôt sur leurs terrains en réserve, l'effet ne peut s'en faire sentir qu'après un laps de temps assez prolongé. Dans l'intervalle, la production mexicaine passe évidemment par un point bas. Il n'en reste pas moins vraisemblable qu'elle remontera rapidement. Le Mexique est passé en quinze ans d'une production nulle à plus de 20 millions de tonnes, devenant ainsi le second pays producteur du globe, et son sol, jusqu'ici, n'a été qu'à peine égratigné ; il est bien probable qu'il constitue un des plus puissants réservoirs de pétrole que l'avenir immédiat ait à exploiter.

Amérique du Sud. — D'après les résultats acquis au cours de ces dernières années, il semble bien que presque tous les pays de l'Amérique du Sud : Vénézuéla [1], Colombie, Bolivie, Pérou, Argentine, etc... soient appelés à devenir d'importants centres de production ; les luttes d'influence engagées entre les grandes sociétés y ont donné, suivant les pays, l'avantage à l'une ou à l'autre, et il est vraisemblable que, sous l'effet des exploitations méthodiques inaugurées par chacune d'elles, la production ne tardera pas à s'élever rapidement.

Canada-Alaska. — Des gisements, que des indications géologiques font présumer importants, ont été *prouvés* récemment par des puits forés dans les régions arctiques (Fort-Norman) : la difficulté des forages, qui ne peuvent se

1. Vers la fin de décembre 1922, on a annoncé l'arrivée au pétrole du puits « La Rosa », appartenant aux *Venezuelan Oil Concessions* (filiale de la *Royal Dutch*). Ce *gusher* (puits jaillissant) donnerait par jour 7.000 tonnes environ d'une huile d'une densité voisine de 0,910. Il faudrait voir dans cet heureux sondage une confirmation des espoirs mis dans le Vénézuéla, pays qui pourrait se révéler, dans un avenir prochain, un nouveau Mexique.

poursuivre que pendant le bref été, l'inexistence des transports n'ont pas permis à ces gisements de prendre jusqu'ici une valeur commerciale, mais ils sont venus augmenter le nombre des réserves connues de pétrole.

Indes Néerlandaises. — Dans ce fief presque indisputé de la Royal Dutch, les exploitations récentes ont fait reconnaître, à Bornéo surtout, un réservoir de pétrole, jusqu'ici à peine effleuré, et probablement d'une très grande puissance.

Perse. — La mise en exploitation des gisements de Perse par l'Anglo-Persian est un des faits importants des dernières années : la production a dépassé, en 1921, 2 millions de tonnes et atteindrait, en 1922, presque 3 millions de tonnes. Comme une fraction notable (un quart environ) provient d'un seul puits, la richesse de ces terrains, encore peu explorés d'ailleurs, doit être considérable. Elle est d'autant plus intéressante, au point de vue européen, que la consommation locale étant insignifiante et ne paraissant pas appelée à un développement immédiat, toute la production passe à l'exportation.

Mésopotamie. — La question des gisements de Mossoul n'est pas encore sortie de l'ordre politique, pour devenir commerciale. L'accord de San Remo, conclu en 1920 entre la France et l'Angleterre, se trouve remis en question à la suite des représentations diplomatiques américaines et des victoires kémalistes. Pour l'instant, les terrains ne paraissent même pas avoir encore pu être l'objet d'une exploration méthodique.

Europe. — L'Europe ne se relève que très lentement des dommages causés par la guerre et les troubles qui l'ont suivie [1].

1. La guerre n'a fait que précipiter le déclin de l'Europe : l'Europe qui participait pour 53,8 % à la production mondiale en 1901, n'y contribuait plus que pour 23,9 % en 1913. En 1921, son pourcentage est tombé à 3,4 %.

Russie. — Actuellement la Russie ne compte guère; faute surtout de matériel de sondage, les Soviets n'ont guère réussi à réorganiser une exploitation active [1]; les stocks qu'ils ont trouvés vont en diminuant; quelques rares cargaisons sont bien arrivées dans nos ports, mais aucun courant commercial suivi n'existe encore. D'ailleurs les besoins propres de la Russie absorberont probablement longtemps la plus grande partie, sinon la totalité, de la production.

Roumanie. — Les entraves de toutes sortes apportées en Roumanie au développement de l'industrie pétrolière par des gouvernements à court d'argent, n'ont permis qu'une courte reprise de la production, fortement éprouvée en 1916 et 1918 par les destructions opérées lors de l'invasion et de la retraite allemandes; la production, en progrès, a été en 1922 (1.363.531 tonnes) supérieure de 17 % à celle de 1921; les exportations, principalement dirigées sur les pays balkaniques et danubiens, ainsi que sur la Turquie et l'Allemagne, n'ont pas dépassé 400.000 tonnes en 1921 et atteindront 500.000 tonnes en 1922.

Pologne. — Des raisons analogues (la Galicie fut par deux fois le théâtre de sanglants combats entre les Russes et les Autrichiens), jointes au système désuet de forage, ont fait baisser la production de la Pologne (720.000 tonnes en 1921 contre 1.113.000 tonnes en 1913). Son surplus exportable est naturellement absorbé en première ligne par l'Allemagne et les États héritiers de l'Autriche-Hongrie.

De cette brève revue des faits les plus saillants concernant la production, il résulte qu'elle semble, à l'heure actuelle, largement suffisante pour assurer les besoins mondiaux.

1. D'après les *Izviestia* du 1er décembre 1922, la production dans l'année budgétaire et économique russe, qui va du 1er novembre 1921 au 30 octobre 1922 se serait élevée à 4.492.000 tonnes, soit environ 50 % du rendement de 1913. De toutes les branches de l'activité économique en Russie, l'industrie du pétrole serait donc la moins touchée.

Dans un interview récent, Sir Henri Deterding, le Directeur général de la Royal Dutch, disait à peu près qu'on ne manquerait jamais de pétrole, tant qu'en trouver serait une opération commerciale avantageuse. Les constantes découvertes de gisements nouveaux aux États-Unis et sur le reste du globe appuient cette manière de voir. Il n'y a donc pas lieu d'attribuer une importance excessive aux déclarations, maintes fois portées à la Tribune du Congrès américain, prédisant la fin prochaine des réserves de pétrole américaines, déclarations aussitôt reproduites dans les journaux des deux hémisphères et étendues sans plus d'hésitation à la terre entière. Les Américains n'ont guère d'autres raisons de semer l'alarme que de prétendre justifier leur « droit » à participer hors de chez eux à des affaires qu'ils jugent profitables, en rappelant qu'ils ont alimenté généreusement — contre dollars rentrant dans leur caisse — le monde entier en produits du pétrole. Mais l'argument est si souvent reproduit sous des formes variées qu'il n'était peut-être pas inutile d'en montrer l'inanité; en réalité, rien n'autorise à croire que, faute de matières premières, la période qu'on a pu appeler l' « ère du pétrole » menace de prendre fin.

III. — RAFFINAGE

Le pétrole brut, une fois amené à la surface, doit passer en usine pour que des traitements appropriés en extraient les produits commerciaux, les plus usuels étant les essences, les pétroles lampants, le gas-oil, le fuel-oil [1], les huiles de graissage.

1. On désigne communément, — mais improprement — en France, le fuel-oil sous le nom de mazout. Le mazout, dans le sens que prêtent les Russes à ce mot d'origine tartare, désigne le résidu de la distillation des essences et pétroles, résidu qui renferme encore des produits à grande valeur commerciale, tels qu'huiles de graissage, vaseline, etc... Le terme russe qui correspond exactement à fuel-oil est *ostatki*.

Un certain nombre de tendances dominent à l'heure actuelle cette industrie du raffinage.

La guerre, la demande intense de certains produits raffinés qui en est résultée, et les bénéfices élevés réalisés par les raffineries ont conduit à une augmentation brusque de la capacité et du nombre des usines ; leur développement a dépassé la demande d'après-guerre dans presque tous les pays où la production n'est pas le monopole à peu près exclusif d'une grande société. Ce phénomène est particulièrement sensible aux États-Unis où, indépendamment des usines fermées, les trois cent trois raffineries qui fonctionnaient au 1er janvier 1922 ne travaillaient pas à plus de 80 % de leur capacité. Il en va de même en Roumanie et en Pologne[1] par exemple, où la capacité de traitement a crû beaucoup plus vite que la production. Il en résulte donc dans l'ensemble que les raffineries ne travaillent qu'exceptionnellement à plein rendement, produisent par suite plus cher, et que le type autrefois courant de la raffinerie isolée de la production et de la vente, achetant son brut sur le marché et revendant ses produits à des organisations de distribution, tend de plus en plus à disparaître.

Un autre caractère remarquable de l'époque présente est la tendance nouvelle à éloigner l'usine des lieux de production pour la rapprocher des centres de consommation ; il semblait qu'il y eût économie à rapprocher la raffinerie des puits : on évitait ainsi de transporter au loin la fraction du brut qui correspond aux pertes de raffinage, et la vente sur place d'une partie du fuel-oil, l'élément le moins cher du brut, réduisait encore les transports. Certaines sociétés en sont venues actuellement à considérer comme préférable d'amener directement le brut au voisinage de la clientèle, de façon à en extraire sur place les produits, qu'il devient plus facile d'adapter aux

1. La production de pétrole brut étant insuffisante, les raffineries ne travaillent plus en Pologne qu'à 60 % de leur capacité ; pour les alimenter, le Gouvernement polonais songerait à importer du brut américain.

exigences variables du marché. Comme exemples frappants de cette manière de voir : le traitement du brut mexicain par les raffineries américaines de la côte Atlantique [1], et la construction toute récente — et dont nous aurons l'occasion de reparler — par l'Anglo-Persian, d'une énorme raffinerie en Angleterre, alimentée par le brut de Perse.

Il faut enfin relever l'amélioration progressive de la technique du raffinage; devant la diminution de leur marge de bénéfices, l'élévation du prix de la main-d'œuvre et des combustibles, les raffineries qui travaillaient encore souvent d'une manière assez barbare, ont dû se préoccuper de mettre leurs installations à la hauteur de ce qui avait été réalisé de longue date dans nombre d'autres industries. La demande toujours croissante d'essence les a également conduites à se compléter par des installations nouvelles, augmentant le rendement des bruts en essence : au premier rang, il y a lieu de remarquer le développement extraordinaire et tout récent du *cracking*, ou transformation par des procédés spéciaux de certains produits lourds, comme le gas-oil, en essence. Il en est résulté à la fois une modification des essences commerciales présentées sur le marché, sur laquelle nous reviendrons un peu plus loin, et un renversement de certaines valeurs : le gas-oil est probablement appelé de ce chef à une hausse progressive.

Deux nouveaux procédés, destinés à transformer des huiles lourdes en essences ou en pétroles lampants, sont peut-être appelés à révolutionner avant peu la technique du raffinage ; nous voulons parler du procédé allemand Bergius ou *berginisation*, basé sur l'hydrogénation des huiles à très hautes pressions, et le procédé français Mailhe (qui n'est pas encore sorti du laboratoire), consistant également à hydrogéner les molécules d'huiles, mais sous l'influence d'agents catalyseurs.

1. Le fléchissement de la production mexicaine menaçant l'approvisionnement des raffineries de la côte Atlantique américaine, la Standard a entrepris le transport du brut californien au moyen de tank-steamers de 20.000 tonnes (dont l'exploitation est très économique) qui empruntent le canal de Panama.

IV. — TRANSPORTS

Transports par terre. — Le brut, le pétrole lampant, le gas-oil, quelquefois certains fuel-oils ordinaires dans les climats chauds, peuvent se transporter par pipe-lines; l'essence ne se transporte qu'en wagons-citernes, pour éviter des pertes trop élevées. L'importance des pipe-lines, longues souvent de plusieurs centaines de kilomètres [1], va croissant ; un gisement n'a de valeur commerciale que lorsqu'il est relié par pipe-lines aux centres de consommation ou à la mer.

Les États-Unis n'accordent d'ailleurs en général aux sociétés le droit de construire une pipe-line qu'en lui imposant l'obligation d'être un transporteur public, au même titre qu'un chemin de fer. Il existe cependant suffisamment de moyens de tourner les prescriptions légales pour que les Sociétés, ayant à leur disposition les capitaux considérables nécessaires pour construire une conduite, exercent sur les producteurs indépendants, obligés de passer par elles, une influence puissante : la pipe-line est, plus que jamais, aux mains du groupe qui la construit, un outil incomparable de domination. Une pipe-line se complète d'ailleurs toujours d'installations de stockage qui prennent en certains cas un développement formidable ; la possession de *tank-farms*, ou parcs de réservoirs, capables d'emmagasiner des stocks énormes, constitue un des éléments permettant aux grandes sociétés de peser sur le marché, et la tendance actuelle est d'en développer constamment l'importance.

Transports par mer. — La flotte des bateaux-citernes a augmenté depuis la guerre avec une rapidité excessive ; il y a actuellement environ 5 millions de tonnes de bateaux-citernes

1. Il y avait, à la fin de 1921, aux États-Unis, 55.260 miles (89.000 kilomètres de pipe-lines en service, représentant un capital investi de $ 652.138.894.

à flot, soit trois fois plus qu'en 1914, et 500.000 tonnes en construction.

Développement de la flotte pétrolière[1] mondiale de 1914 à 1922[2].

Années	Nombre de tankers	Tonnage
1914 (Juillet)	383	1.478.988 tonnes
1919 (id.)		2.929.113 id.
1920 (id.)		3.354.314 id.
1921 (id.)		4.418.688 id.
1922 (id.)	977	5.057.000 id.

On construit des navires de plus en plus grands, allant jusqu'à 20.000 tonnes. La chauffe au fuel-oil s'est généralisée au cours des dernières années et l'usage du moteur Diesel se développe pour les tankers[3] peut-être plus vite que dans la marine marchande ordinaire.

Des efforts intéressants ont été faits pour résoudre la question des frets de retour : le navire-citerne est en effet presque toujours condamné à des retours à vide onéreux (on cite comme chargements de retour exceptionnels : la créosote venant d'Allemagne, l'huile d'olive brute venant d'Espagne et la mélasse au départ de Cuba); dans cet ordre d'idées, la Standard Oil a fait construire récemment deux navires de 20.000 tonnes, destinés au trafic sur l'Amérique du Sud, et pouvant y porter une cargaison de pétrole et en ramener un chargement de minerai. L'avenir dira si, sur certains parcours spéciaux, ce procédé est capable de prendre de l'extension.

Toute la question des transports par mer est dominée à l'heure actuelle par la crise des frets. Les frets pétroliers, qui sont absolument indépendants des frets ordinaires, sont, comme on le verra dans un chapitre spécial, tombés depuis

1. Nous préférons, dans ce sens, le néologisme « pétrolier » à l'adjectif « pétrolifère », couramment employé. Dit-on un « bateau charbonnier » ou un « bateau carbonifère »?

2. D'après le *Lloyd's Register Book*, 1922.

3. Un tanker est toujours assuré de pouvoir s'avitailler en gas-oil, quel que soit son port de chargement.

un an à un taux excessivement bas. La cause en est dans l'excès de tank-tonnage construit depuis la guerre. Aussi le nombre de navires désarmés est-il élevé : la Standard Oil avait, en octobre 1922, vingt bateaux-citernes désarmés pour quarante en service ; le Shipping Board américain, organisme d'État, avait à la même date soixante-dix tankers désarmés contre quinze en service.

Alors qu'en 1919, par exemple, la question du transport était au premier plan des préoccupations pour les importateurs européens, elle a perdu maintenant, et probablement pour un certain temps, toute acuité, en raison de la baisse des frets. Par rapport à la période précédente, un des facteurs de fluctuation des prix *cif* en Europe s'est ainsi éliminé : le prix *fob* et les changes en restent actuellement les éléments principaux.

V. — LES GRANDES SOCIÉTÉS DE PÉTROLE

L'industrie du pétrole, par la masse des capitaux mis en jeu, se prête tout spécialement à la concentration et à l'intégration. Ces deux phénomènes n'ont pas manqué de se manifester simultanément : des trusts, véritables super-États[1], ont couvert de leurs entreprises le monde entier et réunissent dans une même main production, raffinerie, transport et distribution. Nous aurons à étudier comment réagit sur les problèmes français cette organisation particulière de l'industrie mondiale du pétrole.

Historiquement, le succès fut d'abord à ceux qui, groupant raffineries et transports, surent contraindre les producteurs à accepter leurs prix : tout a été dit sur l'hégémonie qui en résulta pour la Standard. Plus récemment, la roue a tourné en

1. Un chiffre fixera le degré de puissance de ces trusts : 16 sociétés américaines, filiales de la Standard, ont en 1922 distribué près de 16 *milliards* de francs de dividendes (exactement $ 1.054.753.911) (*Journal of Commerce of New-York*, 28 novembre 1922).

faveur du producteur, et c'est grâce à une production propre, puissante et répartie sur toute la terre que la Royal Dutch a pu s'élever en face de la Standard[1]. On sait que la Royal Dutch n'a pas craint d'aller porter la guerre sur le territoire même des États-Unis : une de ses filiales, la Shell-Union, a déjà réalisé une production importante en Californie et dans le Mid-Continent.

Actuellement, il semble bien que la période proprement économique ait pris fin et que ce soient surtout des raisons politiques qui aient favorisé l'ascension du troisième grand trust, l'Anglo-Persian, dont le Gouvernement anglais est le principal actionnaire. La presse suffit à rappeler quotidiennement à quel point toute question de pétrole est devenue un problème politique[2]. Il y a un an à peine, Washington envoyait à la Hollande une note presque comminatoire pour obtenir que la Standard participât à l'exploitation des gisements de Djambi ; une lutte d'influence en Perse semble actuellement engagée entre les États-Unis et l'Angleterre avec le pétrole comme enjeu, et dès qu'une conférence diplomatique se réunit, que ce soit à Gênes, à La Haye ou à Lausanne, les experts pétroliers y sont conviés pour discuter pétroles russes ou mésopotamiens.

Une constatation de fait suffit, d'ailleurs, à faire ressortir à quel point les grandes sociétés considèrent que leurs intérêts prennent une importance politique toujours croissante : c'est

1. M. Pierre l'Espagnol de la Tramerye a décrit dans un ouvrage aussi intéressant à parcourir qu'un roman d'aventures (*La lutte mondiale pour le pétrole*, thèse pour le doctorat, Paris, 1921) les différentes phases de la bataille engagée depuis 1910 entre la Standard Oil et la Royal Dutch. La lutte reste encore aujourd'hui aussi indécise. Si, d'après les critiques militaires, la victoire appartient, le combat terminé, à celui qui se croit victorieux, on serait bien en peine pour décerner la palme au vainqueur. Le même cri de triomphe retentit en effet dans le camp des deux adversaires.

2. Une forme nouvelle du mercantilisme est née depuis vingt ans : les gouvernants du XVIe siècle caressaient le rêve de galions, cinglant vers la métropole, lourds de leurs chargements en métaux rares ; les dirigeants d'aujourd'hui tendent toutes leurs pensées et tous leurs efforts vers le tank-steamer aux réservoirs remplis du précieux carburant.

leur nouveau souci d'intéresser à leur avenir un nombre de plus en plus grand de leurs nationaux; le temps n'est plus où la Standard se jouait allègrement de l'exécration publique; toutes ses sociétés divisent maintenant leurs actions par quarts pour que les petits porteurs soient légion et qu'une proportion plus forte de l'opinion publique ait des raisons financières de lui être favorable[1].

A côté des trois astres principaux gravite la pléïade des « indépendants », dont les plus importants rentrent d'ailleurs peu à peu dans l'orbite des grandes sociétés. L'absorption de la Mexican Eagle par la Royal Dutch est d'hier; mais la communauté d'intérêts entre la Standard d'une part, les groupes Sinclair et Nobel par exemple, de l'autre, est d'aujourd'hui. Restent encore probablement indépendants de grandes entreprises, comme la Texas Oil ou la Gulf Refining.

Pour la France, qui ne possède aucune société pétrolière d'importance, se pose avec une acuité particulière la question : dans quelle mesure une entente est-elle possible ou réalisable entre les grands trusts? Naturellement, c'est là le secret des dieux. On peut cependant remarquer que, du fait même de l'intrusion de la politique dans le domaine du pétrole, une entente complète entre les trusts correspondrait en réalité à une entente entre les gouvernements anglais et américains, entente qui ne paraît pas, à l'heure actuelle, réalisée; de plus, la puissance acquise par ces groupements deviendrait alors si formidable et si menaçante pour le consommateur, qu'ils hésiteraient devant le risque de soulever contre eux l'opinion publique de l'univers. Mais des ententes locales et momentanées, applicables seulement à certains

1. Dans le livre abondamment documenté de M. Charles Pomaret, *la Politique Française du Combustible liquide*, Paris, 1923, l'auteur, qui semble avoir puisé certaines de ses informations aux meilleures sources, avance (p. 98) que, dans la question de l'attribution des gisements de Djambi à la Bataafsche, « le concours de la diplomatie française en Hollande a bien servi les intérêts de la Royal ». Si cette affirmation est exacte, le nombre d'actions du trust anglo-hollandais en circulation en France ne serait pas étranger à la politique adoptée par le Quai d'Orsay.

marchés, sont toujours possibles — le cas ne serait pas sans précédent — et au point de vue français, il faut envisager cette hypothèse comme une éventualité qui n'a rien d'irréalisable.

VI. — COMMERCE

Caractéristique. — S'il fallait caractériser d'un mot le commerce du pétrole sous sa forme actuelle, le terme le plus frappant serait peut-être sa *mondialité*. Les temps ne sont pas loin, vingt ans à peine, où un importateur français, en dehors de l'Europe, ne s'adressait jamais qu'à l'Amérique, plus spécialement à la région pensylvanienne. Aujourd'hui, le bidon acheté par l'automobiliste au hasard de sa route, contient aussi bien une essence venue de Sumatra que de Perse ou du Mexique. Il en résulte que, d'une part, le commerce du pétrole est influencé par un nombre de facteurs toujours plus grand, — la variation dans le rendement de quelques puits au Mexique, l'ouverture au commerce d'une nouvelle province en Chine, ont maintenant leur répercussion en France, — mais que, d'autre part, la réaction à chaque variation de l'un des facteurs est moins aiguë : il y aura peut-être dans cette multiplicité des éléments de variation — une fois terminée la période anormale créée par la guerre, et dont les contre-coups ne sont pas encore amortis — une influence stabilisatrice intéressante.

Produits faisant l'objet de ce commerce. — Il y a vingt ans, parler du commerce du pétrole signifiait le commerce du pétrole lampant. L'essence était considérée comme un sous-produit encombrant de la distillation et, dans le Nord de Sumatra, on la brûlait pour s'en débarrasser[1]. Aujourd'hui,

1. Les essences, au moyen d'une tuyauterie spéciale, étaient dirigées vers un désert et l'on mettait le feu à l'extrémité de la conduite ; la lueur dégagée par cet incendie volontaire servait la nuit de phare aux navigateurs... L'histoire éco-

c'est le commerce de l'essence qui, sauf en Orient et en Extrême-Orient, domine toute la question. D'où un renversement de valeurs complet, en particulier dans l'importance relative des divers bruts, suivant leurs teneurs. A signaler également le développement pris par le commerce des « produits noirs », non seulement des huiles de graissage, dont la consommation croît avec le progrès général de l'industrie, mais surtout des gas-oil et fuel-oil. Le gas-oil, pur ou mélangé de fuel-oil, alimente les moteurs Diesel et semi-Diesel, dont le nombre augmente rapidement.

Le fuel-oil apparaît comme le combustible le plus pratique, non seulement dans nombre d'industries à terre, mais surtout dans la marine; en dehors des marines de guerre, dont toutes les unités non démodées chauffent au combustible liquide, plus de 22 % de la flotte marchande mondiale emploie

Répartition des différents types de navires de la marine marchande mondiale suivant leur mode de propulsion[1].

	POURCENTAGE DU TONNAGE BRUT TOTAL	
	1914	1922
	0/0	0/0
Voiliers	7,95	4,70
Moteurs à combustion interne	0,47	2,35
Chaudières chauffées au fuel-oil	2,62	22,34
Chaudières chauffées au charbon	88,96	70,61
TOTAL	100,00	100,00

aujourd'hui le fuel-oil, et les stations de ravitaillement se multiplient jusque sur les routes lointaines. La principale

nomique offre d'autres exemples de sous-produits, promus par les perfectionnements apportés à la technique au rang de produit principal : avant la révolution apportée dans les transports par l'industrie frigorifique, l'élevage du bétail en Argentine avait uniquement pour objet l'obtention du cuir; la viande, dont il y avait pléthore, était traitée comme un déchet et enterrée.

1. D'après le *Lloyd's Register Book*, 1922.

entrave à un développement plus rapide encore de l'emploi du fuel-oil paraît être le manque relatif de stabilité de son prix, comparé à celui du charbon. Il peut suffire en effet de la découverte d'un gisement puissant, dont le brut soit riche en fuel-oil, pour que le marché des huiles combustibles en soit immédiatement affecté. L'usage s'introduit actuellement en Amérique — usage renouvelé d'une pratique coutumière avant la guerre, en Russie — de conclure des marchés de fuel-oil, basés sur les cours du charbon pris comme index, de façon que l'industriel ou la Compagnie de chemins de fer puisse amortir à coup sûr le prix de la transformation nécessaire des installations. Si cet usage se généralise, une des causes qui retardent la généralisation de la chauffe au fuel-oil aura disparu.

La qualité des principaux produits commerciaux a subi une évolution parallèle : autrefois on cherchait à tirer d'un brut le rendement maximum en pétrole lampant, et notre législation en garde trace, qui fixe un point d'inflammabilité limite pour le pétrole lampant, de façon à éviter qu'il n'y soit mélangé des essences. Aujourd'hui, au contraire, il s'agit d'extraire du brut tout ce qu'il peut donner d'essence, et une raffinerie ne songerait plus guère à *passer* au pétrole des fractions suffisamment légères pour pouvoir être englobées dans son essence; elle s'efforcera maintenant d'incorporer à l'essence des fractions qui auraient autrefois passé au pétrole. D'où une variation progressive dans la qualité de l'essence commerciale, dont la densité augmente constamment. La France retarde à cet égard singulièrement sur l'Amérique : le consommateur français exige des essences plus légères que l'automobiliste américain, et il est un peu choquant de voir un pays de grande production se contenter d'un produit courant, alors qu'un pays, à change avarié et condamné à s'approvisionner au dehors, s'offre le luxe d'un produit notablement plus cher.

Mais cette inclusion dans l'essence de fractions plus lourdes n'aurait pas suffi pour satisfaire la demande croissante d'essence; d'où le développement rapide au cours des dernières années de procédés nouveaux pour en augmenter la production : d'abord le *cracking* — dont il a déjà été parlé, — ensuite l'extraction d'essence des gaz naturels qui accompagnent la plupart des gisements de brut : c'est l'essence dite de *casinghead*. L'essence de cracking a généralement une odeur déplaisante et une couleur accentuée ; l'essence de casinghead, extrêmement légère, se mélange le plus souvent avec de l'essence obtenue par distillation, en *coupant* trop profondément dans le brut pour que le produit résultant puisse être livré tel quel à la consommation. Il semble bien que ces mélanges d'essence de cracking et de simple distillation, dites *straight run*, ne diminuent guère le rendement dans les moteurs ; ils sont de pratique absolument courante aux États-Unis ; mais là encore, le public français se résout difficilement à les admettre, au grand dam de la bourse et de la balance commerciale françaises.

Distribution. — Au point de vue de la distribution, les méthodes sont partout sensiblement les mêmes pour ravitailler les consommateurs importants : wagons-citernes plus ou moins grands, bidons et fûts. Il n'y aurait guère qu'à signaler la substitution progressive des tonnelets métalliques aux anciens fûts en bois.

Quant au petit consommateur, le pétrole lui parvient en petits récipients, de 1 ou 2 gallons par exemple, ou de 5 litres en France. Dans les pays disposant de transports faciles, la vente se fait en récipients solides, consignés à l'acheteur pour une certaine somme qui lui est rendue lorsqu'il retourne le récipient ; au contraire, dans la majorité des pays, la vente se pratique en « récipients perdus », plus légèrement construits ; le bidon est ensuite affecté aux usages les plus hétéroclites, et il pénètre jusque chez les indigènes de régions encore à peine ouvertes à la civilisation.

Pour l'essence, elle est distribuée aux États-Unis en vrac, par des pompes mesureuses (délivrant plus de 99 $^0/_0$ de l'essence consommée), et ce procédé, qui fait actuellement ses débuts en Europe, semble appelé à devoir y prendre une certaine extension — du moins dans les grands centres — malgré le développement infiniment plus réduit de l'automobile.

Prix. — Les prix des différents bruts sont naturellement fonction au premier chef des prix que peuvent atteindre les produits raffinés qu'on en extrait. Les États-Unis étant toutefois, nous l'avons vu, de beaucoup le principal producteur, influencent presque souverainement le marché. Or, aux États-Unis, seules quatre ou cinq grandes Compagnies, la Standard naturellement au premier rang, *affichent* des prix, c'est-à-dire s'engagent à acheter au prix affiché toute quantité de brut qui leur sera offerte, Il est clair que ces prix varient suivant l'origine du brut, mais en général les prix affichés, ou *posted prices*, s'appliquent à toute une région de gisements, même si plusieurs types de brut y sont produits[1]. Les compagnies plus petites, au contraire, n'ayant pas les mêmes puissants moyens de stockage et de transport, sont obligées de contracter spécialement pour leurs bruts ; elles payent alors des primes plus ou moins fortes au-dessus du prix affiché. Ces primes correspondent, d'une part, à la moins grande sécurité donnée au producteur qui n'est plus assuré de vendre automatiquement tout son brut, et d'autre part à la teneur véritable du brut en produits légers. Pratiquement d'ailleurs, la Standard est de beaucoup le plus fort acheteur et dispose de moyens matériels et financiers incomparablement plus puissants que les autres sociétés ; tous les autres acheteurs sont donc obligés de la suivre et c'est elle qui fixe en réalité les cours du brut en Amérique.

Quant aux produits raffinés, il existe pour eux un cours

1. Depuis le début de décembre 1922, on a établi dans le *Mid-Continent* (ensemble des États producteurs du centre de l'Amérique) un *grading*, c'est-à-dire une échelle de prix dans les *posted prices*, basée sur la qualité du brut; à en croire la presse spéciale américaine, cette mesure a fait aux États-Unis l'effet d'une véritable révolution.

mondial, au moins à l'exportation; le cours américain régit en effet la vente dans le monde entier. Il faut d'ailleurs distinguer aux États-Unis deux sortes de cours : l'un est le prix moyen résultant chaque jour des transactions réellement effectuées (faute d'une Bourse du pétrole, ce cours n'est pas connu et n'a pas d'existence officielle) ; l'autre est le seul élément officiel, c'est l'ensemble des *posted prices* des différents produits, communiqués chaque jour à New-York par la Standard, et qui réalisent la seule mercuriale mondiale des produits du pétrole. Il y a entre les deux cours des différences qui peuvent être à certains moments assez considérables, et qui résultent uniquement des intérêts du moment de la Standard.

Mais les cours réels dépendent pratiquement de la Standard d'une manière presque aussi complète que les cours officiels : sa puissance est telle que nul ne peut vendre sensiblement plus haut que la Standard ; elle dispose d'assez de produits et d'assez de capitaux pour couper les cours si une concurrence lui paraissait devenir gênante. Nul ne peut vendre plus bas : la Standard a des disponibilités de stockage suffisantes pour pouvoir acheter elle-même les produits offerts sur le marché au-dessous de ses propres cours, et elle ne s'en fait pas faute.

En résumé, marché du brut et marché des produits raffinés sont en Amérique sous la dépendance à peu près complète de la Standard [1] ; or les cours américains font le cours mondial. C'est là un fait capital.

Mais il va de soi qu'il n'est pas de force humaine, si puissante soit-elle, capable de freiner longtemps une poussée constante des faits économiques : la Standard ne l'ignore pas ; ce

1. La Standard se défend naturellement d'influer artificiellement sur les prix, et M. W. C. Teagle, président de la Standard Oil C° of New Jersey, dans un rapport adressé en décembre 1922 au Sénat américain, a tenté une fois de plus de laver sa société de cette accusation : « It [the Standard Oil C°] has no control whatsoever over crude oil prices, and its only influence upon such prices at any time is the indirect one which results naturally from its position as a consumer » (*Wall Street Journal*, 15 décembre 1922). Ce plaidoyer ressemble fort à un aveu : pour agir sur les prix, la Standard n'a pas besoin de recourir à des manœuvres ou à des combinaisons illégales ; elle est un consommateur de taille tellement formidable qu'elle tient dans sa main tous les fils du marché.

n'est cependant qu'en des circonstances économiques tout à fait exceptionnelles que l'arbitraire de sa conduite est obligée de fléchir plus ou moins devant les conditions commerciales du moment. Il n'en reste pas moins que le jeu de la loi de l'offre et de la demande se trouve faussé ; les prix pour le monde entier sont fixés par les intérêts d'un groupe. Ces intérêts sont infiniment variés, commerciaux sans doute au premier chef, mais aussi financiers : la Standard est une énorme puissance financière, et ses intérêts de Bourse influencent par suite profondément sa politique commerciale.

Il y a là, pour un produit de première nécessité, une puissance stupéfiante, propre à émouvoir un pays qui, comme la France, est, pour son ravitaillement en carburants liquides, presque entièrement tributaire de l'étranger.

CHAPITRE II

L'INDUSTRIE DE L'EXTRACTION DU PÉTROLE EN FRANCE

L'unique source actuelle de production : Pechelbronn [1]. — La France, dans les limites de ses frontières antérieures au traité de Versailles, ne possédait sur son territoire aucun puits de pétrole [2]. La réincorporation de l'Alsace-Lorraine à la France, avec les gisements pétrolifères de Pechelbronn, a doté notre pays, à l'activité pourtant déjà si diverse, d'une forme nouvelle d'industrie.

Le nom bien français des Le Bel est associé depuis le XVIIIe siècle à la naissance et au développement de cette industrie ; en 1889 cependant, la famille Le Bel cède la concession à une Société alsacienne, la *Pechelbronner Oelbergwerke*. Celle-ci, à son tour, s'en dessaisit au profit d'une Société allemande, la *Deutsche Tiefbohr-Aktiengesellschaft*, entre les mains de laquelle elle devait rester jusqu'à la nomination d'un séquestre français en 1918. Les gisements de Pechelbronn ont été amodiés, en 1921, à un groupe d'industriels alsaciens qui ont formé la *Société d'exploitations minières de Pechelbronn.*

1. Cette matière a déjà fait l'objet d'une étude très détaillée : Paul de Chambrier, *L'historique de Pechelbronn*, Neuchâtel, 1919 ; nous nous sommes donc bornés à quelques rapides indications.

2. Hors de la Métropole, l'Algérie, avec les gisements de Tliouanet (département d'Oran), a une production de pétrole, mais très modeste : 600 tonnes en 1921.

Une technique, très intéressante par son originalité, préside à l'extraction d'une partie du pétrole produit à Pechelbronn, et n'a son pendant dans aucun champ pétrolifère du monde ; en plus des sondages qui constituent le mode habituel d'épuisement des gisements naphtifères, on a repris depuis 1917 l'exploitation du pétrole par puits et galeries [1] ; ce procédé consiste à faire des travaux de mines analogues à ceux que nécessite l'exploitation de la houille, et à drainer en quelque sorte, au moyen de galeries souterraines, l'huile emmagasinée dans les lentilles de sable [2]. Les quantités de pétrole extraites par cette méthode tendent d'ailleurs à diminuer depuis quelques années, parce qu'on est arrivé dans des quartiers plus pauvres.

L'huile brute produite à Pechelbronn est une huile paraffineuse, relativement lourde, pauvre en essence, moyennement riche en pétrole lampant et renfermant surtout des huiles de graissage. Voici, comparé à quelques huiles d'autres provenances, le rendement du pétrole de Pechelbronn.

Spécifications comparées de quelques pétroles bruts.

SPÉCIFICATIONS	PROVENANCE			
	SUMATRA SUD (*Zuid Palembang*)	AMÉRIQUE (*Pensylvanie*)	MEXIQUE (*Panuco*)	ALSACE
	°/o	°/o	°/o	°/o
Densité	**(0.796)**	**(0.825)**	**(0.981)**	**(0.920)**
Essence	50	32	2	**5**
Pétrole lampant	32	48	6	**20**
Huiles lourdes	3	20	20	**65**
Résidus	15		72	**10**

1. Paul de CHAMBRIER, *L'exploitation du pétrole par puits et galeries.* Paris, 1920.

2. Le principal inconvénient de ce mode d'exploitation est le danger d'incendie dû à la présence de vapeurs d'essence. Grâce aux méticuleuses précautions prises (aération des souterrains, exclusion de toute canalisation électrique, etc. on n'a pas eu de sinistre à déplorer depuis près de trois ans.

La production des gisements de Pechelbronn, en décroissance dans les premières années de la guerre et au moment de l'armistice, a repris sa marche ascendante depuis 1920. Il a était extrait en 1921 plus de 55.000 tonnes. Ce chiffre a été largement dépassé en 1922 et, pour la campagne 1923, on escompte un rendement encore plus élevé.

Quelqu'importante que soit une pareille production, force est d'avouer que ces chiffres font bien modeste figure si l'on compare le rendement de Pechelbronn avec celui d'une région plus favorisée : tel puits fameux au Mexique n'a-t-il pas débité à lui seul en deux jours autant d'huile brute que le gisement de la Basse-Alsace est capable d'en fournir en un an?

Production de Pechelbronn de 1913 à 1922[1].

ANNÉES	SONDAGES et POMPAGES	PUITS	TOTAL
	Tonnes	Tonnes	Tonnes
1913	49.584	—	49.584
1914	49.054	—	49.054
1915	43.176	—	43.176
1916	41.579	—	41.579
1917	39.124	7.787	46.911
1918	32.019	19.174	51.193
1919	30.298	16.957	47.255
1920	42.0[illegible]5	12.885	54.910
1921	43.825	11.750	55.575
1922 (chiffre évalué)	—	—	70.000

Cette constatation n'enlève rien au très considérable intérêt que représente pour la France la possession des mines de Pechelbronn : une production de 60.000 tonnes est loin d'être négligeable et nous fait réaliser chaque année une économie de plusieurs dizaines de millions de francs sur les achats que

1. D'après Paul de Chambrier, *op. cit.*, et le rapport présenté à l'Assemblée générale de la Société anonyme de Pechelbronn, le 26 mai 1922.

nous effectuons à l'étranger. Les mines de Pechelbronn, avec les raffineries annexes [1], procurent du travail à plus de 2.000 ouvriers. Enfin, à un point de vue plus général, Pechelbronn offre un incomparable terrain d'exercices pratiques aux ingénieurs et aux géologues français désireux de se spécialiser dans la recherche, l'exploitation ou le traitement des pétroles. Cet avantage est particulièrement sensible pour les étudiants qui suivent à Strasbourg les cours de l'Institut du Pétrole [2].

Vers le pétrole français. — La France a-t-elle, à l'état latent, des richesses cachées, est-elle une « deuxième Galicie [3] », ou bien la structure géologique et tectonique de son sol la condamne-t-elle à ne produire jamais sur son territoire que des quantités dérisoires de pétrole ? La réponse à cette question n'appartient pas au profane et nous renvoyons sur ce point aux ouvrages spéciaux [4].

Parmi les recherches entreprises en France, les travaux du professeur Glangeaud, en Limagne (au Puy de Crouelle), effectués pour le compte du Gouvernement [5], ont attiré le plus l'attention du public : ils ne semblent pas avoir été très encou-

1. Quatre raffineries, réparties en bordure des gisements alsaciens, traitent le pétrole brut : la plus importante est celle de Pechelbronn. La nouvelle raffinerie de Pechelbronn, commencée par les Allemands en 1917 et terminée à la fin de 1920, comprend, entre autres installations, une batterie de chaudières permettant d'opérer une distillation continue, avec emploi du vide et injection de vapeur surchauffée, et spécialement destinées à la fabrication des huiles de graissage. A signaler aussi un matériel très perfectionné de déparaffinage et une installation pour le *cracking* des brais.

2. Cet Institut a été créé par la Faculté des Sciences de Strasbourg avec le concours financier d'un certain nombre d'organismes privés.

3. Cette épithète réconfortante se trouve sous la plume de M. Paul Durandin, *Atlas des Régions pétrolifères de la France*, Paris, 1920.

4. Chautard (Jean), *les Gisements de pétrole*, Paris, 1922; — De Bonand (R.), *le Pétrole*, Paris, 1921, etc.

5. Le crédit alloué pour ces recherches en 1922 était de 650.000 francs. Le Gouvernement, dans le vote du dernier budget, proposait la suppression pure et simple de ce chapitre (chapitre 82 du projet de Budget des Travaux publics), mais afin de permettre éventuellement le report des sommes inutilisées en 1922, la Commission a rétabli le chapitre pour mémoire. Faut-il ou non considérer cette suppression de crédit comme une économie judicieuse ?

rageants. Les forages conduits dans le Bugey par la Société d'Études et de Recherches Pétrolifères ont donné de plus heureux résultats : s'ils n'ont pas permis d'atteindre d'horizon pétrolifère, ils ont du moins donné naissance, à Vaux, à un important dégagement de gaz hydrocarburés [1].

De son côté, la Société de Recherches Pétrolifères du Sud-Ouest, actuellement en voie de formation, vient d'acquérir des permis de recherches dans les Landes et dans les Pyrénées. Dans les Landes, notamment, la récente découverte de gaz naturels à proximité d'Arcachon constitue un indice favorable pour les sondages qui seront faits dans cette région.

Sans vouloir présumer de l'aboutissement de ces recherches, il nous est néanmoins permis de faire ressortir l'intérêt puissant qui s'attacherait pour la France à faire jaillir de son sol un volume suffisant de pétrole. Nous effleurerons ainsi incidemment le problème français ou, pour parler le langage des journaux, la *politique* du pétrole. Si l'on pose comme principe que tous les efforts doivent tendre à nous rendre indépendants de l'étranger et à assurer notre ravitaillement en carburants liquides, en temps de paix comme en cas d'un nouveau conflit, comment parvenir à ce résultat ?

Est-ce en nouant des relations avec la Pologne et la Roumanie, et en faisant traverser aux wagons-citernes l'Allemagne? Est-ce en exploitant les ressources possibles de nos colonies et en exposant nos bateaux-citernes sur des mers dont nous n'avons pas la maîtrise ?

Une seule façon — si on ne trouve pas à l'essence un substitut — de sauvegarder, dans toutes les éventualités, notre indépendance économique : avoir du pétrole en France, dans la Métropole. Ce pétrole, à supposer qu'il existe même en très grande abondance, qui s'ingéniera à le découvrir, s'il n'est pas assuré de retirer, en cas de succès, un large profit en com-

1. On construit actuellement une conduite qui reliera le sondage au gazomètre d'Ambérieu : cette ville pourra donc se vanter de posséder un mode d'éclairage, classique en Amérique, mais encore inconnu en France.

pensation de recherches toujours coûteuses et aléatoires ? Notre législation minière a longtemps paralysé toute initiative chez les prospecteurs : non seulement la loi du 21 avril 1810 — 27 juillet 1880 ne prévoyait aucun régime spécial pour le pétrole et les gaz hydrocarburés, mais il n'y était même pas fait mention de ces produits ! Le pétrole rentrait donc dans le droit commun ; les gisements, propriété absolue des superficiaires, ne pouvaient pas faire l'objet d'une concession et les droits des *inventeurs* ou auteurs des forages étaient complètement sacrifiés [1].

A la Direction des Mines et à la Direction générale des Essences et Pétroles revient l'honneur d'avoir contribué à combler dans notre législation cette lacune, stérilisatrice d'énergies : de leurs travaux est née la loi du 16 décembre 1922. L'article 3 de cette loi réserve aux explorateurs le droit de disposer librement des hydrocarbures extraits de leurs recherches. L'article 4 confère au titulaire d'un permis le droit à l'obtention de la concession à condition : 1° d'avoir fourni la preuve du gisement d'hydrocarbures; 2° d'accepter un cahier des charges conforme au type des concessions minières (ce cahier des charges impose l'obligation d'effectuer un minimum annuel de travaux et de verser 20 % de redevances à l'État).

Il est encore trop tôt pour se prononcer sur les effets de cette loi, mais il est permis d'augurer de l'institution du nouveau régime la fondation de nombreuses sociétés de prospection. La plupart de ces Compagnies se ruineront sans aucun doute en d'infructueuses recherches. Il ne suffit pas en effet de trouver du pétrole, il faut encore que ce pétrole existe en quantités « payantes ». Mais qu'importe pour l'intérêt général — ce Moloch, satisfait aujourd'hui de sacrifices pécuniaires — pourvu que deux ou trois sociétés, plus fortunées, réussissent à découvrir les gisements tant convoités ?

1. Voir sur cette intéressante question la proposition de loi, concernant la réglementation des concessions et des recherches de pétrole en Algérie, présentée le 29 avril 1920 par M. Eugène Lefebvre, député (Chambre des députés, n° 859).

CHAPITRE III

LA CONSOMMATION DU PÉTROLE EN FRANCE
ET
L'APPROVISIONNEMENT DU MARCHÉ FRANÇAIS

La France, qui réunit sur son territoire tant de richesses naturelles, est, nous l'avons vu, singulièrement déshéritée sous le rapport du pétrole. Avant la guerre, si l'on fait abstraction des 10.000 tonnes d'huile que fournissait annuellement l'industrie, aujourd'hui ruinée, du schiste, aucune goutte de pétrole consommé en France n'était extraite du sous-sol français. Le retour dans le patrimoine national des gisements de Pechelbronn n'a pas apporté de modification sensible à la situation générale. Les 70.000 tonnes de pétrole brut produites chaque année en Alsace ne représentent en effet qu'approximativement 6 % de la consommation totale de la France, alors que le nombre des habitants des départements recouvrés équivaut à 4 % de la population. La réincorporation de l'Alsace-Lorraine à la France n'a donc fait qu'atténuer très faiblement notre déficit en huiles minérales [1].

1. En réalité, par suite de la faible teneur en produits légers de l'huile brute de Pechelbronn, les raffineries alsaciennes produisent annuellement (chiffres de 1922) 4.000 tonnes d'essence, 15.000 tonnes de pétrole et 35.000 tonnes d'huiles de graissage. En Alsace et en Lorraine, le déficit existe pour l'essence. Pour les huiles de graissage et, dans une moindre mesure, pour le pétrole lampant, l'excédent de la production sur la consommation permet à la Société amodiataire de Pechelbronn d'approvisionner les départements limitrophes.

Étudier la consommation du pétrole en France et le mode d'approvisionnement du marché français revient donc, en définitive, à rechercher l'importance et l'origine des importations.

Les statistiques douanières (commerce spécial) nous offrent un moyen très simple et très exact[1] d'investigation.

I. — ENSEMBLE DES PRODUITS DU PÉTROLE

Consommation. — Les statistiques douanières font mention pour la première fois des huiles minérales en 1863. Dès cette année, les importations de pétrole s'élèvent à 10.000 tonnes ; elles suivent une progression continue, et vingt ans plus tard, en 1883, la France achète déjà à l'étranger plus de 100.000 tonnes[2] de pétrole. Les importations atteignent le triple de ce chiffre en 1894, le quadruple en 1899 et le quintuple en 1903.

On remarquera les deux pointes en sens opposé que dessine la courbe des importations en 1909 et en 1910. Le chiffre très élevé des importations en 1909 est dû à une cause exceptionnelle, à la crainte — qui s'est d'ailleurs montrée injustifiée — de voir appliquer aux pétroles américains le tarif général. Les stocks qu'avaient ainsi accumulés les raffineurs français,

1. D'après les recoupements que nous avons pu effectuer, soit au moyen des statistiques des exportations américaines, soit à l'aide du chiffre des ventes du consortium qui groupait de 1918 à 1921 tous les importateurs de pétrole, nous avons pu nous convaincre que les statistiques douanières étaient, quant aux quantités, d'une précision très grande. Cependant ces mêmes statistiques, lorsqu'il s'agit de la fixation des valeurs en douane, font parfois preuve d'une déconcertante fantaisie. C'est ainsi que la tonne d'essence est estimée en 1919 à 630 francs, soit à peine les deux tiers du cours moyen pratiqué au cours de cette année, tandis que la tonne de résidus, dont le prix avait oscillé entre 200 et 400 francs, n'est pas évaluée à moins de 1.700 francs.

2. Nous avons adopté, comme unité dans nos tableaux, la tonne, mesure qui nous a semblé parler le mieux à l'esprit. Les statistiques des douanes étant établies pour le pétrole lampant et l'essence en hectolitres, force nous a été de faire une conversion. Nous avons choisi pour effectuer cette conversion une densité arbitraire de 0,730 pour l'essence et de 0,810 pour le pétrole lampant. La faible erreur dont nos chiffres se trouvent de ce fait entachés, est suffisamment négligeable pour ne pas apparaître dans nos courbes.

incités à forcer l'importance de leurs achats, pesèrent sur le marché français et eurent comme conséquence naturelle de ralentir très sensiblement les importations pendant l'année 1910. Dès l'année 1911, l'équilibre se trouve rétabli.

La consommation annuelle de la France, dans les années qui précédèrent la guerre, se tenait aux environs de 700.000 tonnes. Le premier effet de l'ouverture des hostilités fut de provoquer un fléchissement de la consommation qui tomba, en 1914 et en 1915, au-dessous de 600.000 tonnes. Ce fléchissement ne fut que temporaire, et, dans les trois dernières années de la guerre, la consommation moyenne annuelle remonta à 800.000 tonnes.

Le léger recul qui se manifesta en 1919 (735.000 tonnes) est suivi en 1920 d'une réaction qui porte le total des importations à plus d'un million de tonnes. Nouveau recul en 1921 avec 775.000 tonnes seulement aux importations.

L'année 1922 avec ses 1.130.000 tonnes est une année record.

Comparaison avec les autres pays d'Europe. — Quelque importante que soit la consommation de la France en produits extraits du pétrole, elle reste cependant encore bien inférieure à celle de l'Angleterre : le Royaume-Uni n'a pas importé moins de 3.390.000 tonnes d'huiles minérales en 1920, 4 millions et demi de tonnes en 1921, et 4.750.000 tonnes en 1922. Les autres pays d'Europe, à part l'Allemagne, viennent, il est vrai, très loin derrière la France[1].

1. Nous avons puisé ces renseignements et ceux du même ordre que l'on rencontrera plus loin, aux sources suivantes : pour l'Angleterre, dans le *Petroleum Times* du 21 janvier 1922 ; pour la Belgique, dans le *Bulletin trimestriel de Commerce spécial de la Belgique avec les pays étrangers* (Bruxelles, 1922) ; pour l'Espagne, dans les *Resúmenes mensuales de la Estadística del Comercio Exterior de España, publicados por la Direccion General de Aduanas* (Madrid, 1922) ; pour l'Italie, dans la *Statistica del Commercio speciale di Importazione e di Esportazione* (Rome, 1922); pour les Pays-Bas, dans la *Jaarstatistik van den in-uit, en*

Importations totales de produits du pétrole dans les principaux pays d'Europe en 1921[1].

	IMPORTATIONS TOTALES	IMPORTATION par TÊTE D'HABITANT
	tonnes	kilogrammes
Allemagne	660.394	10,8
Angleterre	4.510.000	98,0
Belgique	212.937	28,7
Espagne	124.265	6,2
France	**775.600**	**19,6**
Italie	201.585	5,0
Pays-Bas	421.535	64,8
Suède	144.520	25,8
Suisse	51.688	13,2

1. En 1922, les États-Unis ont consommé environ 86 millions de tonnes de pétrole, soi approximativement 600 kilogrammes par tête d'habitant (*Oil News*, 3 février 1923).

Origine des importations. — Nos fournisseurs de pétrole n'ont pas toujours été les mêmes. Leur nombre et leur importance respective ont connu des variations profondes, dues aux développements économiques et aux bouleversements politiques. Limitant le cercle de nos investigations aux trente dernières années, nous voyons qu'en 1893 les États-Unis s'inscrivent en tête de la liste et exportent en France plus des trois quarts du pétrole qui y est consommé. La Russie, la première, essaie de battre en brèche la prépondérance américaine sur notre marché; en 1904, les deux adversaires sont presque à égalité. Vers cette époque, d'autres concurrents entrent dans

doorver, over 1921 (La Haye, 1922); pour la Suède, dans les *Preliminär Redogörelse för Sveriges in-och Utförsel* (Stockolm, 1922).

Les chiffres relatifs à la Suisse nous ont été très gracieusement communiqués par la Chambre de Commerce suisse en France.

En Allemagne, les *Monatliche Nachweise über den auswärtigen Handel Deutschlands* n'ont — pour des raisons mystérieuses qui ne sont que trop claires — paru qu'à partir d'avril 1921. Les importations allemandes s'appliquent donc à la période comprise entre le 1er avri 1921 et le 1er avril 1922.

IMPORTATION TOTALE DES PRODUITS DU PÉTROLE EN FRANCE (Commerce spécial)

(Exprimée en tonnes)

ET PART RESPECTIVE (%) DE CHACUN DES PAYS

Ayant contribué au ravitaillement de la France

de 1893 à 1921.

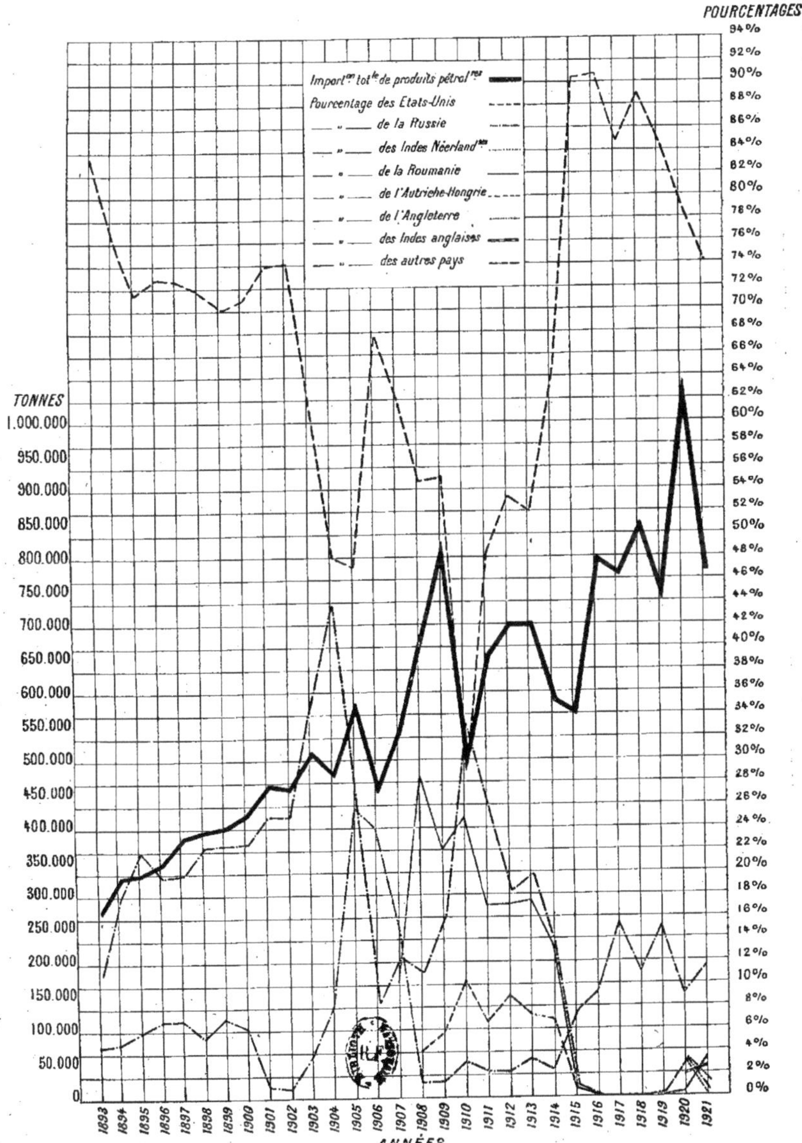

la lice et, sans être très redoutables, font néanmoins sentir leur influence : l'Autriche-Hongrie introduit par nos frontières de l'Est ses wagons-citernes de pétrole galicien ; la Roumanie, dans les années 1905 à 1908, subvient presque au quart de nos besoins. L'Amérique maintient cependant sa position, et c'est aux dépens de la Russie que les petits États producteurs se créent en France un débouché.

La guerre provoque un revirement brusque de la situation. Dès l'annonce de la mobilisation, les importations de pétrole galicien cessent, et, lorsqu'en novembre 1914, la Turquie se range ouvertement aux côtés de nos ennemis, la fermeture des Dardanelles supprime toute possibilité de ravitaillement aux ports russes et roumains de la mer Noire. L'Amérique[1] assurera donc pendant toute la durée des hostilités l'approvisionnement de la France, auquel elle participera dans une proportion de 90 %.

L'Amérique demeure aujourd'hui, de très loin, notre principal fournisseur[2] ; nous lui sommes redevables, en 1922, des trois quarts de nos importations. On assiste cependant à une

1. Pendant la guerre, c'est la Standard qui a vendu à la France presque tous les pétroles d'origine américaine qui y ont été importés :

Importations en France de la Standard, de 1914 à 1919.

	QUANTITÉS VENDUES EN FRANCE PAR LA STANDARD	PART DE LA STANDARD SUR LES IMPORTATIONS TOTALES EN FRANCE
	mètres cubes	%
1914	362.257	67
1915	484.670	74
1916	555.796	61
1917	433.099	55
1918	418.550	39
1919	311.301	39

(The oil situation in France. — *The Lamp*, décembre 1920).

2. Si, se plaçant au point de vue américain, on se demande l'importance que représente la France dans le commerce d'exportation des huiles minérales aux États-Unis, on verra qu'elle occupe le troisième rang parmi les États importateurs

tentative, timide encore, de reprise de la part des autres producteurs. La guerre a durement éprouvé la Roumanie dont la production a depuis 1914 diminué de près de moitié, et la Galicie, qui a peine à suffire aux besoins de la Pologne et des États successeurs de l'Autriche-Hongrie. Quant à la Russie, le régime bolchevik a porté à son industrie pétrolière, comme à ses autres sources de richesses, une atteinte très sévère, et ses capacités d'exportation se trouvent désormais très limitées.

Contribution des différents pays au ravitaillement de la France en pétrole en 1922.

PAYS	PART DE CHAQUE PAYS
	%
États-Unis	77,8
Mexique	4,8
Roumanie	4,7
Pays d'Asie (autres que les Indes Néerlandaises et le Japon)	2,8
Russie	1,5
Indes Néerlandaises	1,1
Belgique	0,5
Angleterre	0,5
Japon	0,2
Autres pays	6,1
	100,0

D'autres pays, chez lesquels la production s'est récemment développée, sont venus prendre en France la place de la Russie soviétisée et de la Roumanie sinistrée : le Mexique, en premier lieu, aux gisements fabuleusement riches, puis aussi, dans de moindres proportions, la Perse[1] et les Indes Néerlandaises et Anglaises.

de pétrole; en 1921, sur les pétroles exportés d'Amérique, 25 % étaient destinés à l'Angleterre, 17 % au Canada, 9 % à la France et 5 % à la Chine (*Oil News*, 25 novembre 1922).

1. Les statistiques des douanes n'ayant pas, antérieurement à 1922, de rubrique

On ne peut que se féliciter d'entrevoir la disparition graduelle de la prépondérance américaine sur notre marché. Nous ne saurions que gagner en indépendance économique et politique si, pour notre approvisionnement en carburants liquides, nous cessions de rester tributaires d'un seul pays. D'autre part, sans partager la crainte chimérique, exprimée par aucuns, de voir d'ici quelques années l'Amérique mettre l'embargo sur toutes ses exportations de pétrole, il faut néanmoins constater que le fossé va chaque jour s'élargissant aux États-Unis entre la production et la consommation. C'est l'automobile qui constitue dans l'Amérique du Nord le principal facteur de la consommation : or, les termes respectifs des progressions

Comparaison entre la production du pétrole brut et le nombre d'automobiles existant aux Etats-Unis[1].

ANNÉES	NOMBRE D'AUTOMOBILES au 31 décembre	AUGMENTATION par rapport à l'année précédente	PRODUCTION D'HUILE BRUTE	AUGMENTATION	NOMBRE D'HECTOLITRES d'huile brute PAR VOITURE
		°/o	mètres cubes	°/o	
1911........	700.000	—	35.042.793	—	500.72
1912........	1.020.000	46	35.437.970	1	348.12
1913........	1.260.000	25	39.493.224	11	308.38
1914........	1.511.338	34	42.245.793	7	246.39
1915........	2.445.664	43	44.684.573	6	182.80
1916........	3.512.996	44	47.808.633	7	136.70
1917........	4.983.340	42	53.302.008	11	106.50
1918........	6.146.617	23	56.578.512	6	92.20
1919........	7.558.848	23	60.042.590	6	79.48
1920........	9.211.295	22	70.483.625	17	76.30
1921........	10.449.705	13	75.300.000	7	72.05

1. En grande partie, d'après le Dr. H. Nan. Manning, directeur du *Research American Petroleum Institute.*

spéciale pour le Mexique et la Perse, il est difficile de déterminer la part respective de ces deux pays, qui sont englobés sous la dénomination « Autres Pays ». Même aujourd'hui, il est impossible de voir la part jouée par le Mexique dans notre commerce, puisque du pétrole brut mexicain, raffiné aux États-Unis, nous arrive sous l'étiquette américaine.

relatives à la production d'huile brute et au développement de la circulation automobile ne sont pas égaux. C'est ce que démontre le tableau ci-dessus :

Pour rétablir l'équilibre menacé entre la production et la consommation, les États-Unis ont dû faire appel aux ressources du Mexique qui, à quelques centaines de milles de ses côtes, offre chaque année un formidable contingent exportable de pétrole brut. Les importations mexicaines n'ont, primitivement, eu pour objet que de combler le déficit creusé par les exportations des États-Unis; mais depuis 1919, année au cours de laquelle les importations ont dépassé les exportations, on peut dire que l'Amérique est devenue un pays importateur de pétrole ; en 1921, l'excédent des entrées sur les sorties équivalait à dix fois la consommation de la France.

Commerce extérieur des Etats-Unis en huiles minérales [1].

ANNÉES	EXPORTATIONS	IMPORTATIONS	EXCÉDENT DES EXPORTATIONS SUR LES IMPORTATIONS	EXCÉDENT DES IMPORTATIONS SUR LES EXPORTATIONS
	mètres cubes	mètres cubes	mètres cubes	mètres cubes
1911	6.694.290	261.223	6.433.067	—
1912	7.128.587	1.172.401	5.956.186	—
1913	7.337.888	2.768.050	4.569.838	—
1914	8.005.971	2.733.884	5.272.087	—
1915	8.813.752	2.890.468	5.923.284	—
1916	9.868.778	3.371.700	6.497.078	—
1917	10.033.942	5.010.666	5.023.276	—
1918	10.274.282	6.188.401	4.085.881	—
1919	9.434.565	8.609.544	825.021	—
1920	11.728.496	17.294.023	—	5.565.527
1921	10.589.617	20.471.537	—	9.881.920
1922 (9 premiers mois [2])	12.697.580	16.965.003	—	4.267.423

1. D'après l'*U.S. Statistical Abstract* (1921).
2. D'après l'*Oil and Drug Reporter*, 11 décembre 1922.

En 1922, le déséquilibre entre la production indigène d'une part, la consommation intérieure et les exportations d'autre part, sera sensiblement moindre : au cours de cette dernière année, les prospecteurs américains ont été en effet particulièrement heureux dans leurs forages; d'un autre côté, l'envahissement par l'eau salée de certains puits au Mexique a provoqué, dans le deuxième semestre de 1922, un ralentissement très net des expéditions de pétrole brut mexicain.

Enfin, ajoutent ceux qui se plaisent à agiter autour du pétrole le spectre de la famine, les réserves des États-Unis en naphte ne sont pas illimitées et finiront immanquablement par s'épuiser. Sur ce point, tout le monde est bien d'accord, mais la discussion est permise quant à la proximité plus ou moins grande de cette échéance fatale : les gisements américains approchent-ils à grands pas de leur tarissement ou bien les champs les plus riches sont-ils encore à découvrir? Il ne nous appartient pas de prendre position sur cette question. Signalons toutefois l'avis autorisé d'un Comité qui réunissait, à la fin de 1921, des membres de l'*American Association of Petroleum Geologists* et de l'*United States Geological Survey* [1] : ce savant Comité, procédant à l'inventaire des ressources en pétrole, susceptibles d'être obtenues au moyen des méthodes d'exploitation actuellement en usage, estimait à un peu plus de 12 milliards de tonnes les quantités de pétrole existant au 1er janvier 1922. Cette réserve correspondrait, sur le pied actuel de la consommation en Amérique, à moins de vingt années.

Plus récemment, dans son rapport annuel au Congrès, M. Hoover, Secrétaire d'État pour le Commerce, déclarait le 9 décembre 1922 que, d'après les constatations faites par son Département, les ressources des États-Unis en pétrole dureraient seulement une génération.

Nous avons déjà dit qu'il ne fallait pas prendre trop au tragique ces inquiétantes révélations, périodiquement renouvelées, les Américains ayant tendance, pour des raisons de politique extérieure, à peindre en couleurs volontairement trop sombres l'avenir pétrolier de leur pays.

1. *International Petroleum Reporter*, 25 janvier 1922.

Si ces affirmations pessimistes sont sujettes à caution, il est un fait très précis qui possède de plus justes raisons d'émouvoir les *oilmen* américains : 50 °/₀ du pétrole actuellement produit en Amérique sont extraits de 2 °/₀ des puits [1]. Les risques de diminution de la production n'étant pas également répartis entre tous les gisements, il en résulte un danger de fléchissement indéniable pour la production de l'Union.

Examinée à un point de vue français, la situation peut se résumer ainsi : il n'est pas impossible, quoique peu vraisemblable, que d'ici vingt ou trente années, nos importateurs trouvent le marché américain fermé. Mais vingt ans, c'est un siècle dans l'histoire aux tournants si rapides du pétrole ; d'ici là, qui sait quelle région du globe, encore insoupçonnée du géologue, aura, par sa richesse, fait pâlir l'étoile de l'Amérique du Nord et bouleversé de fond en comble les conditions actuelles du ravitaillement mondial ?

II. — DIFFÉRENTS PRODUITS IMPORTÉS

Le total des importations d'huiles minérales, tout en étant un élément intéressant, ne fournit sur la consommation que des données générales imprécises, et il y a lieu d'étudier séparément chacun des produits dérivés du pétrole qui composent cet ensemble.

1. Voici un interview de M. J. C. Donnel, président de l'Ohio Oil C°, sur la situation actuelle de la production du brut :

« While there is undoubtedly too much oil being produced for currents needs, « consumption continues to expand, and the character of a large part of current « production makes it uncertain that present big yield from wells will continue « any great length of time. Crude oil production is made up at present, proba- « bly to a greater degree than at any other time, of flush flowing wells.

« *Nearly 50 °/₀ of domestic production comes from a little over 2 °/₀ of the « wells, and it is only a question of time when these will decrease their output.* « Then they will have to be replaced by similar new big wells if a big drop in « production is to be avoided. In the last few years domestic production have « had unusual success in this respect, with one big field following another. But « there is no assurance that this will continue. » (*Wall Street Journal*, 8 dé- « cembre 1922.)

IMPORTATION TOTALE DES PRODUITS DU PÉTROLE EN FRANCE (Commerce spécial)

(Exprimée en tonnes)

ET PART RESPECTIVE ($^0/_0$) DES DIFFÉRENTS PRODUITS IMPORTÉS

De 1893 à 1921.

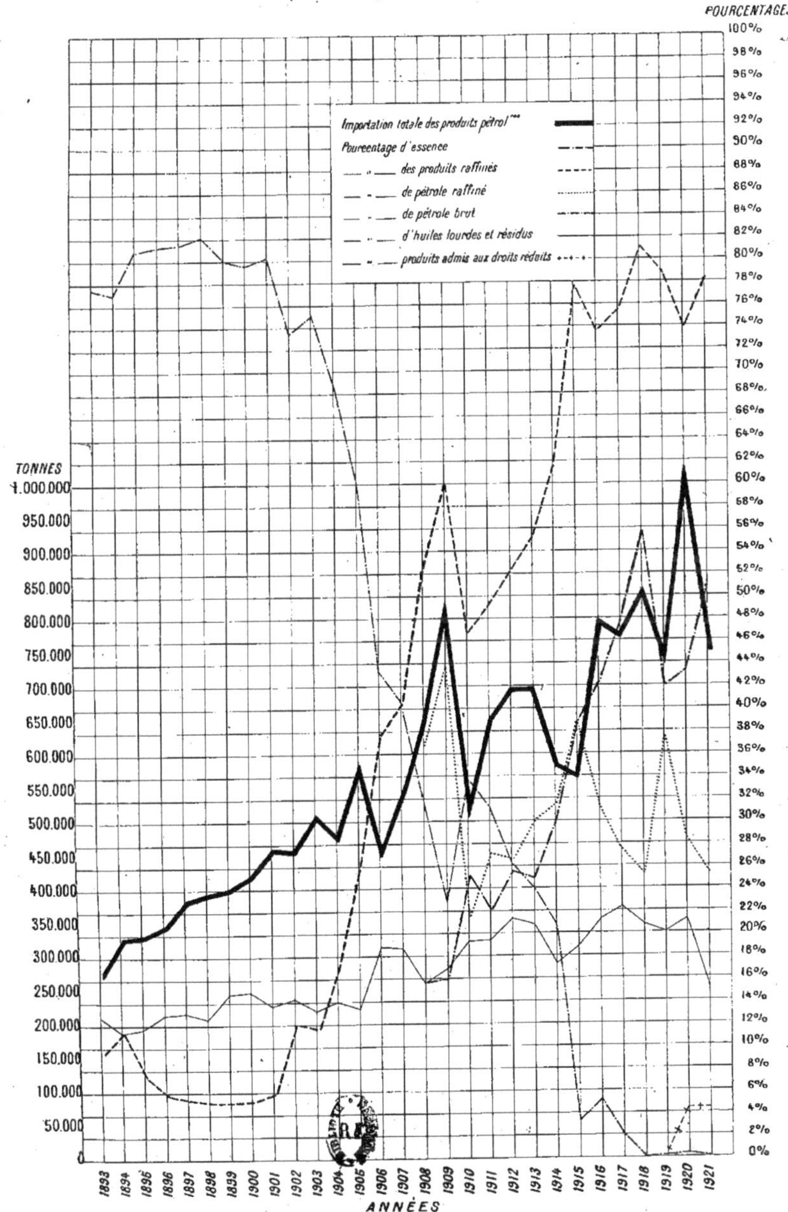

Respectant l'ordre suivi par les statistiques des douanes, nous examinerons successivement les huiles brutes, le pétrole raffiné, l'essence, les huiles lubrifiantes et les huiles combustibles.

Notons auparavant que le pourcentage respectif des différents produits importés par rapport aux importations totales n'est pas resté invariable : après avoir représenté pendant toute une période plus de 80 % des importations, le pétrole brut est tombé pratiquement à zéro depuis 1918 ; il a été remplacé par les « produits raffinés » dont la courbe, presque symétrique de la sienne, se rapproche dans ces dernières années de 80 %.

Dans les produits raffinés, l'essence marque une tendance à l'augmentation : près de la moitié de nos importations

Part de chaque produit dans les importations totales en France de pétrole (commerce spécial) en 1922.

PRODUIT	PART DE CHAQUE PRODUIT
	%
Pétrole brut	0,1
— raffiné	27,6
Essence	48,9
Huiles de graissage	16,6
Résidus	6,8
TOTAL	100,0

d'huiles minérales est faite aujourd'hui d'essence ; quant au pétrole lampant, en dégression, son pourcentage ne s'élève guère au-dessus de 25.

Les huiles de graissage dessinent une courbe relativement régulière, à inclinaison légèrement ascendante : elles constituent environ le cinquième des importations totales.

Les huiles combustibles, nouvelles-nées des statistiques douanières, atteignent péniblement 7 %.

I. — HUILES BRUTES

Consommation. — Les pétroles bruts ont longtemps constitué le gros des importations d'huiles minérales : en 1903, il en a été introduit 384.000 tonnes. On verra plus loin comment la loi qui, en 1903, a créé la taxe, dite de fabrication, sur le brut, a sonné en même temps le glas de l'industrie du raffinage en France. Au cours des années qui suivent cette mesure législative, les quantités d'huile brute importée diminuent avec une rapidité extrême. La guerre vint porter le coup de grâce à l'industrie du raffinage et, à l'heure actuelle, la France ne reçoit pratiquement plus aucun pétrole brut [1].

Aux temps où l'activité régnait dans les raffineries, l'Amérique contribuait pour la plus large part à l'alimentation des raffineries en matières premières : le régime douanier, tel qu'il était conçu, favorisait en effet le traitement d'huiles brutes, très riches en produits légers, et que seuls produisaient les puits de Pensylvanie. Les conventions conclues en 1893 avec la Russie et la Roumanie ont permis cependant anx pétroles de ces pays, sous forme de distillat, de venir concurrencer dans une certaine mesure les pétroles bruts américains.

II. — PRODUITS RAFFINÉS

Les statistiques douanières sont pour cette catégorie de produits doublement en défaut, ce qui rend difficile l'évaluation de la consommation en prenant comme point de départ

1. A notre connaissance, il n'est pas entré, au cours de l'année 1922, une seule cargaison de pétrole brut dans un port français. Il faut cependant signaler l'introduction de quelques milliers de tonnes de certains produits mi-finis, essences brutes de Perse, *topdistiloils* du Mexique, qui forment une catégorie intermédiaire entre les pétroles bruts et les essences raffinées. Ces produits rentrent, au point de vue légal, dans la définition des essences et, portés comme tels dans les statistiques des douanes, ils ne s'y distinguent pas des essences ordinaires.

IMPORTATION TOTALE DE PÉTROLE BRUT EN FRANCE (Commerce spécial)

(Exprimée en tonnes)

ET PART RESPECTIVE (°/₀) DE CHACUN DES PAYS

Ayant contribué au ravitaillement de la France

de 1893 à 1921.

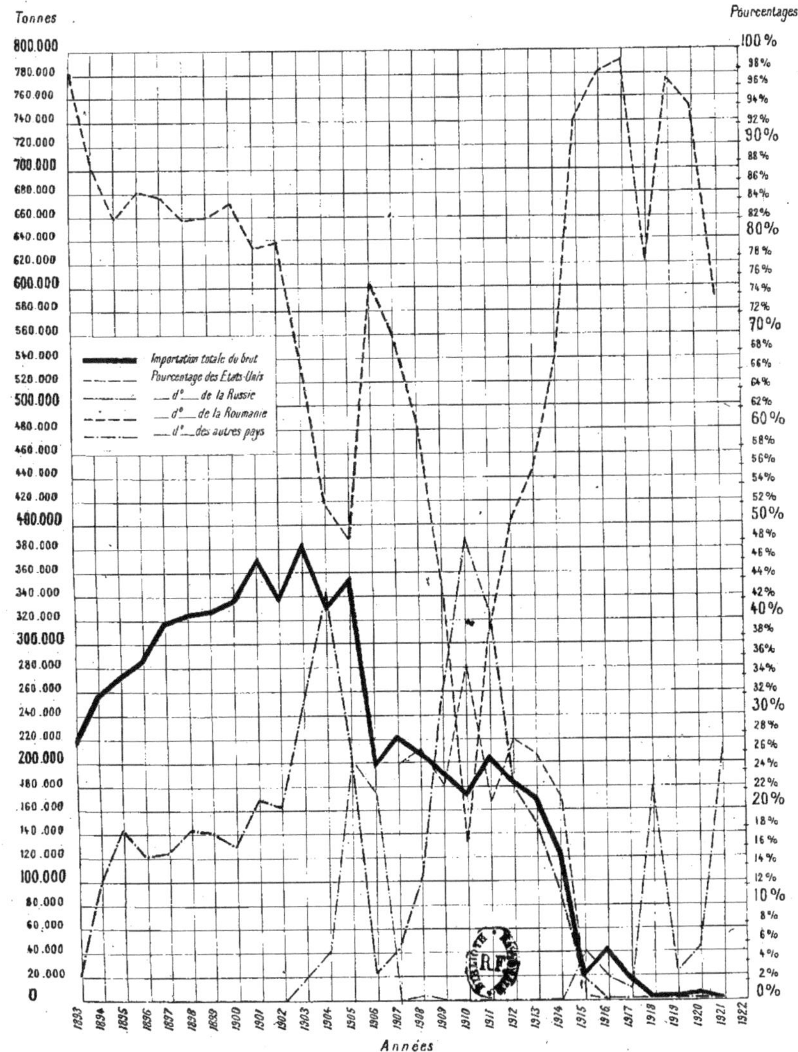

Consommation de pétrole raffiné et d'essence en France de 1893 à 1922[1].

ANNÉES	PÉTROLE RAFFINÉ	ESSENCE	TOTAL PÉTROLE ET ESSENCE
	tonnes	tonnes	tonnes
1893	200.250	38.410	238.660
1894	231.000	35.010	266.010
1895	229.670	34.070	263.740
1896	234.320	38.610	272.930
1897	251.010	38.510	289.520
1898	269.730	41.440	311.170
1899	264.250	43.020	307.270
1900	273.330	47.050	320.380
1901	302.630	50.340	352.970
1902	290.940	57.600	348.540
1903	321.560	68.940	390.523
1904	291.220	73.560	364.780
1905	345.540	104.660	450.200
1906	258.160	77.510	335.670
1907	304.900	100.140	405.040
1908	353.400	119.230	472.630
1909	436.740	144.210	580.950
1910	253.260	133.150	386.410
1911	343.820	155.540	499.360
1912	327.490	189.600	517.090
1913	342.670	189.190	531.960
1914	278.280	188.210	456.490
1915	237.800	219.060	585.860
1916	282.666	339.530	622.190
1917	213.780	372.070	585.850
1918	215.520	473.360	688.880
1919	271.310	310.300	581.610
1920	304.510	462.650	767.160
1921	197.570	409.720	607.290
1922	325.700	556.200	881.900

1. D'après les statistiques des Douanes.

les importations. D'une part, en effet, l'Administration des Douanes a, jusqu'en 1905, englobé dans une même nomenclature tous les pétroles raffinés, sans distinguer entre l'essence et le pétrole ; d'autre part, en dehors des produits introduits directement raffinés, la consommation avait également recours, à l'époque où prospérait encore l'industrie du raffinage, aux essences et pétroles extraits des huiles brutes et des distillats. En apportant aux statistiques des douanes les corrections nécessaires[1], il a été cependant possible de suivre avec une approximation suffisante, séparément pour l'essence et le pétrole, les variations de la consommation en France.

a. — PÉTROLE RAFFINÉ

Consommation. — La consommation du pétrole raffiné témoignait, avant 1914, une tendance, très faible d'ailleurs, à progresser.

La guerre entraîna un ralentissement très sensible de la con-

Consommation moyenne annuelle quinquennale de pétrole raffiné de 1893 à 1921.

PÉRIODE QUINQUENNALE	MOYENNE ANNUELLE en TONNES	AUGMENTATION ou DIMINUTION par rapport à la période précédente
De 1893 à 1897	229.000	
1898 à 1902	280.000	+ 18 %
1903 à 1907	304.000	+ 18 »
1908 à 1912	342.000	+ 11 »
1913 à 1917	271.000	— 26 »
1918 à 1922	262.922	— 3 »

1. Nous avons également tenu compte, depuis 1919, de la production de Pechelbronn.

IMPORTATION TOTALE DE PÉTROLE RAFFINÉ EN FRANCE (Commerce spécial)

(Exprimée en tonnes)

ET PART RESPECTIVE (%) DE CHACUN DES PAYS

Ayant contribué au ravitaillement de la France

de 1908 à 1921.

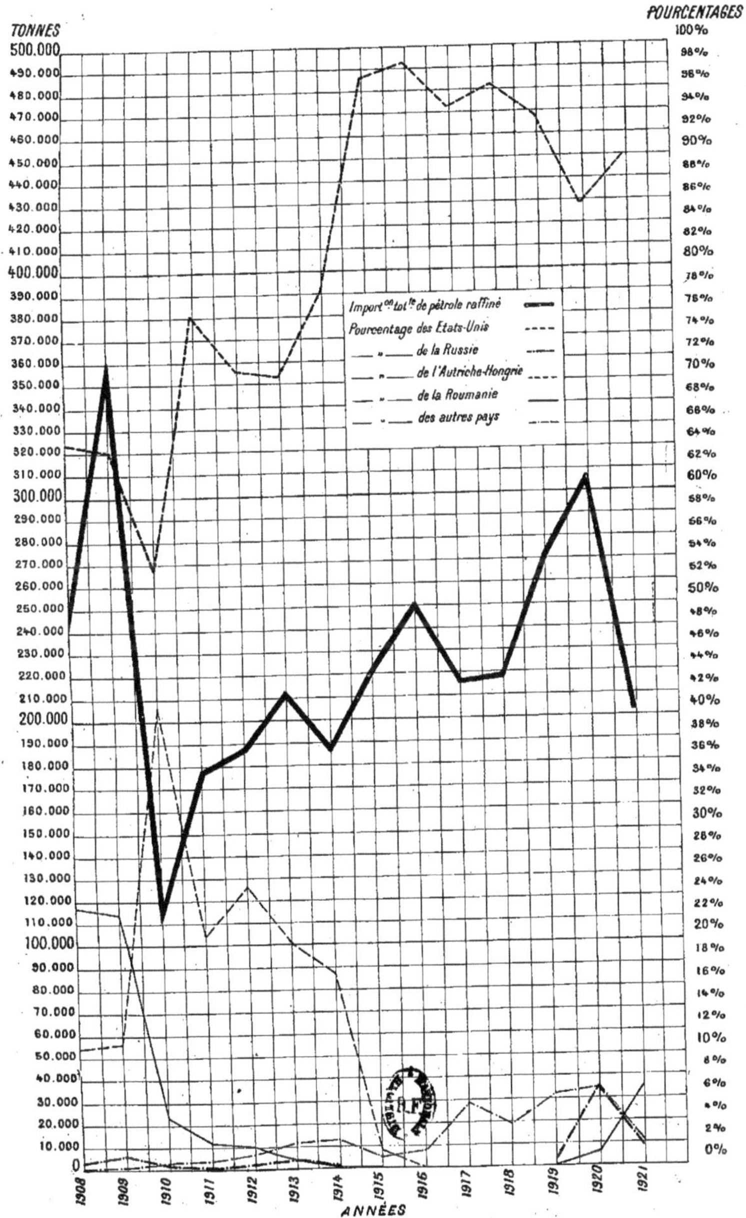

sommation. Les besoins de l'armée en pétrole n'étaient pas très considérables. Quant aux besoins des particuliers, on les comprima le plus possible [1] afin de ne pas immobiliser des tank-steamers qui, au point de vue de la défense nationale, eussent servi plus utilement à transporter des cargaisons d'essence.

Au lendemain de l'armistice, la consommation du pétrole ne s'est pas sensiblement relevée, et, en 1921, la France n'a consommé que 200.000 tonnes de pétrole, soit un peu plus de la moitié de ce qu'elle avait absorbé en 1913, et 326.000 tonnes en 1922. Le populaire bidon de pétrole qui, pendant cinquante ans, fut le roi de l'éclairage dans les campagnes et dans maints salons, perd peu à peu du terrain devant les progrès du gaz et de l'électricité. Sa disparition complète ne semble d'ailleurs pas prochaine, et peut-être connaîtra-t-il une nouvelle ère de splendeur le jour où les ingénieurs, attelés depuis plus de vingt ans à la solution pratique de ce problème, auront enfin mis au point le carburateur pour automobiles au pétrole lampant [2].

Consommation comparée de la France avec les autres pays d'Europe. — La France est, après l'Angleterre, le plus gros pays consommateur de pétrole lampant.

C'est cependant la France qui, de tous les pays d'Europe à civilisation avancée [3], a la plus faible consommation par tête d'habitant. Particulièrement remarquable est la consommation de l'Angleterre et surtout celle des Pays-Bas : dans ces deux

1. Qui a vécu à la campagne à la fin de la guerre se rappellera les sombres veillées, dans lesquelles nombre de paysans étaient plongés, faute de pouvoir alimenter leurs lampes.

2. Un certain nombre de tracteurs agricoles fonctionnent déjà au pétrole lampant : l'écart de prix entre l'essence et le pétrole lampant n'est pas suffisant pour encourager l'emploi de ce dernier carburant.

3. Exception faite toutefois de la Suisse : on ne s'étonnera pas de voir le pays par définition de la houille blanche, n'absorber pour son éclairage qu'une faible quantité de pétrole. Quant à l'Allemagne, l'avilissement de sa monnaie oblige sa population à se restreindre.

pays, on fait dans les campagnes une très large utilisation du réchaud à pétrole. Nul doute que cet ustensile de ménage ne fût aussi devenu en France d'un emploi courant si les droits exorbitants dont le pétrole lampant a toujours été frappé n'en rendaient l'usage relativement très onéreux.

Importations de pétrole raffiné dans les principaux pays d'Europe en 1921.

PAYS	IMPORTATIONS	QUANTITÉS IMPORTÉES par TÊTE D'HABITANT
	tonnes	kilogrammes
Allemagne	145.481	2,4
Angleterre	548.000 [1]	11,9
Belgique	65.411	8,8
Espagne	12.000 [2]	0,6
France	**197.700**	**5,0**
Italie	97.434	2,4
Pays-Bas	155.992	24,0
Suède	41.478	7,4
Suisse	10.652	2,7

1. 630.000 tonnes en 1922.
2. Chiffre évalué en tenant compte des importations de pétrole brut.

Origine des importations. — La France a toujours demandé et demande encore aujourd'hui aux États-Unis de lui assurer la presque totalité de son ravitaillement en pétrole lampant. Ce fait tient aux exigences de notre législation administrative et douanière (décrets des 10 mai 1873 et 19 septembre 1903) qui interdit l'importation de pétrole raffiné présentant un point d'inflammabilité inférieur à 35°. Peu de pétroles pouvaient autrefois — alors qu'on mélangeait le plus possible d'essence au lampant — satisfaire à cette épreuve, que les exigences de nos règlements avaient fait surnommer *French test*

NOMBRE D'AUTOMOBILES CIRCULANT EN FRANCE

ET QUANTITÉS D'ESSENCE CONSOMMÉES de 1900 à 1921

N.-B. – Les Véhicules Industriels ne sont inclus que depuis 1920.

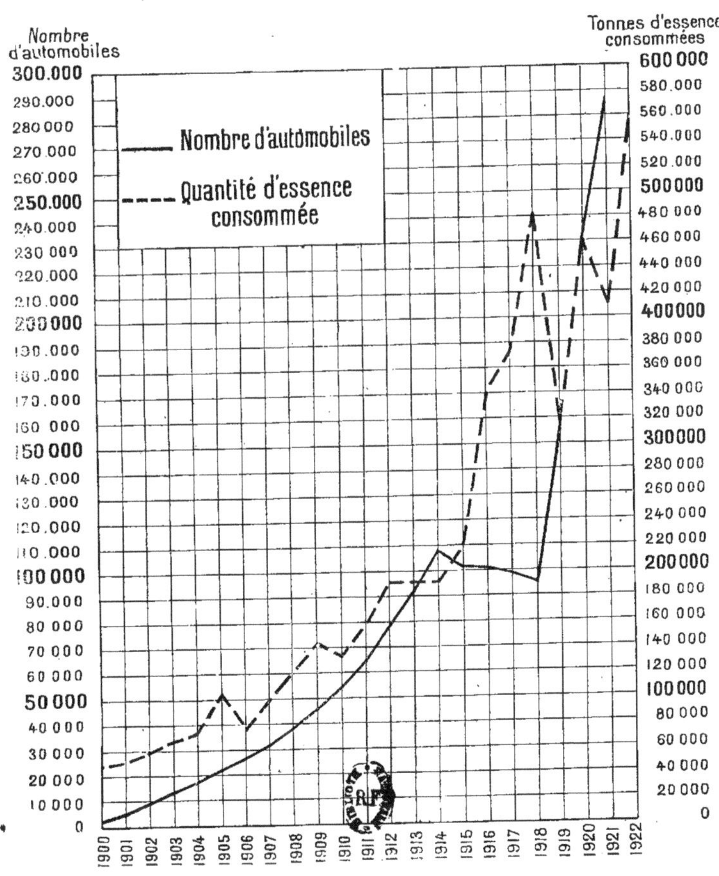

par les Américains ; les pétroles russes en particulier, de par la série des hydrocarbures qui les composent, offrent encore aujourd'hui un point d'inflammabilité souvent trop bas.

Importation de pétrole raffiné en France (commerce spécial) en 1922. Part de chacun des pays ayant contribué au ravitaillement du marché français.

PAYS D'ORIGINE	QUANTITES IMPORTÉES	PART DE CHAQUE PAYS
	tonnes	0/0
États-Unis	274.200	88,3
Roumanie	20.900	6,8
Mexique	7.800	2,5
Russie	1.700	0,5
Japon	1.700	0,5
Belgique	1.300	0,4
Autres pays	3.100	1,0
TOTAL	310.700	100,0

b. — ESSENCE

Consommation. — Suivre le développement de la consommation en France de l'essence, c'est faire l'historique même des progrès de l'industrie automobile et en retracer l'essor prodigieux. Avant la généralisation du moteur à combustion interne, l'essence ne trouvait guère de débouché que dans les familiales lampes « Pigeon » et dans certaines industries employant des dissolvants.

A partir du taux stationnaire de 38.000 tonnes, auquel elle se maintenait dans les années antérieures à 1898, la consommation obéit à une progression, presque sans arrêt, passant par 100.000 tonnes en 1907 pour s'approcher de 200.000 tonnes en 1913.

Le premier effet de l'ouverture des hostilités fut de paralyser toutes les voitures automobiles non réquisitionnées, et dont les conducteurs avaient été mobilisés. Aussi l'année 1914 accuse-t-elle, sous le rapport de la consommation de l'essence, une légère diminution par rapport à l'année précédente.

Mais, dès 1915, une reprise se dessine : l'armée commence à recourir aux transports mécaniques ; les escadrilles d'avions se multiplient. En 1916, avec Verdun et ses camions, en 1917 avec l'apparition des premiers tanks français, la consommation d'essence atteint le double de celle de 1915. Cette pro-

Moyenne mensuelle de la consommation militaire pendant la guerre.

1915	7.600 tonnes.
1916	13.500 —
1917	17.800 —
1918	26.300 —
1919	8.700 —

gression rapide se poursuit jusqu'à la signature de l'armistice ; l'activité développée sur le front exerce d'ailleurs une répercussion immédiate sur les quantités d'essences consommées ; l'histoire de la guerre se lit, peut-on dire, sur les courbes de consommation, dont les sommets sont synchrones des principales opérations militaires : bataille de Verdun, offensive de l'Aisne d'avril 1917, offensive allemande au printemps de 1918, contre-offensive alliée consécutive.

La liberté, rendue à la fin de 1918 à la vente de l'essence et à la circulation des automobiles privées [1], permet à la consommation civile de reprendre en 1919 son cours d'une façon à peu près normale ; mais le commerce de l'essence se trouve

1. Le rationnement de l'essence datait du décret du 16 avril 1917 dont l'article 2 stipulait : « Aucune fourniture d'essence ne pourra être effectuée par les raffineurs, dépositaires et débitants, que sur la production d'un bon ou d'une carte de consommation ». La réglementation fut complétée et renforcée dans la suite par les décrets des 31 août, 29 septembre, 4 décembre 1917, 20 mars, 21 mars, 15 novembre 1918, par les arrêtés des 22 décembre et 29 décembre 1917, 22 février, 22 et 25 mars 1918, les instructions ministérielles du 15 décembre 1917 et la circulaire ministérielle du 31 décembre 1917. Le décret du 27 décembre 1918 rendit définitivement libre la circulation des automobiles et l'emploi des essences.

CONSOMMATION MENSUELLE D'ESSENCE EN FRANCE PENDANT LA GUERRE

(Exprimée en tonnes.)

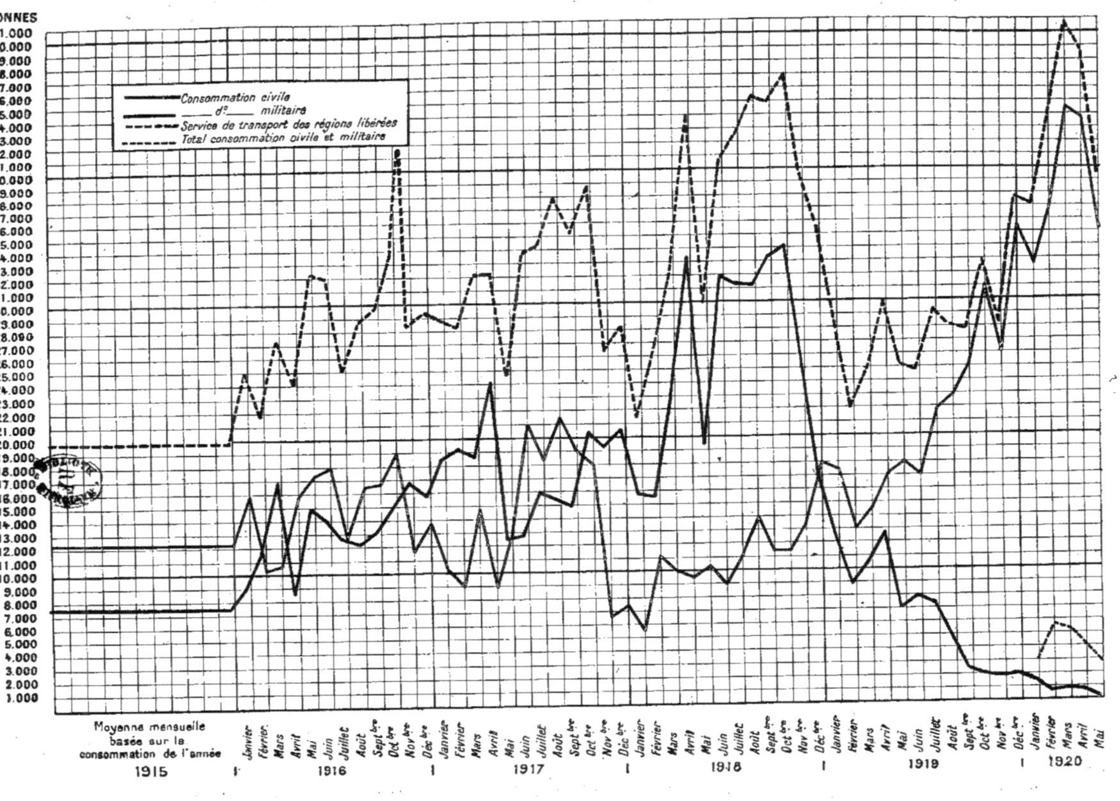

après l'armistice encore entravé par le manque d'automobiles disponibles chez les constructeurs et par la disette d'essence qui sévit un peu partout, en raison non pas tant de la faiblesse des stocks que de la pénurie d'emballages.

Deux phénomènes vinrent contribuer à exalter, en 1920, la consommation de l'essence, qui dépassa au cours de cette année 460.000 tonnes : la prospérité industrielle et commerciale qui régnait encore dans notre pays et la crise des transports par chemin de fer à laquelle on essayait de remédier en partie par le camionnage automobile.

Sous l'effet de la crise commerciale consécutive à cette période d'activité économique, et par suite du fonctionnement plus régulier des transports par fer, la consommation d'essence est en léger recul en 1921. Une reprise sensible s'est dessinée depuis lors et, en 1922, les importations d'essence se sont élevées à 551.000 tonnes.

Consommation comparée avec les autres pays d'Europe. — Comme pour le pétrole lampant, la France est, pour la con-

Importation d'essence dans les principaux pays d'Europe en 1921.

PAYS	IMPORTATIONS	QUANTITÉS IMPORTÉES par TÊTE D'HABITANT
	tonnes	kilogrammes
Allemagne	184.812	3,0
Angleterre	831.000 [1]	18,0
Espagne	50.000 [2]	2,4
France	**410.000**	**10,4**
Italie	103.421	2,5
Pays-Bas	91.662	14,1
Suède	48.875	8,7
Suisse	23.014	5,9

1. Plus d'un million de tonnes en 1922.
2. Chiffre évalué en tenant compte des importations de pétrole brut.

sommation de l'essence, largement dépassée par l'Angleterre, mais, dans l'ensemble, notre pays occupe un rang des plus honorables.

Origine des importations. — Trois pays contribuaient, avant 1914, en proportions à peu près égales, au ravitaillement de la France en essence : les États-Unis, la Russie et la Roumanie. L'élimination de ces deux derniers pays du marché français au début de la guerre permit à l'Amérique d'absorber la part de ses deux rivaux et, en 1918, 83,2 % des importations d'essence figurent à l'actif des États-Unis.

Appelée par les événements à exporter en Europe des quantités chaque mois plus considérables d'essence, l'Amérique voyait en outre sa consommation intérieure augmenter avec la multiplication des automobiles [1]. Par ailleurs, la production de pétrole brut n'accusait qu'un accroissement assez faible, et cette augmentation de la production n'avait été obtenue que par l'exploitation des nouveaux champs de la Californie et du Mid-Continent, dont les pétroles sont, en général, relativement pauvres en éléments légers.

Le problème paraissait insoluble : les Américains l'attaquèrent par les deux bouts et réussirent à vaincre la difficulté. Grâce aux perfectionnements apportés au procédé du *cracking*,

1. Depuis la guerre, le commerce intérieur et extérieur des États-Unis continue à porter sur des quantités toujours croissantes :

ÉTATS-UNIS

Consommation indigène et exportation d'essence.

ANNÉES	QUANTITÉS	AUGMENTATION par rapport à l'année précédente
	mètres cubes	%
1919 (neuf premiers mois)........	10.808.000	—
1920 »	13.978.000	29,3
1921 »	14.445.000	10,1
1922 »	16.791.000	16,8

D'après *Wall Street Journal*, 20 novembre 1922.

IMPORTATION TOTALE D'ESSENCE EN FRANCE (Commerce spécial)
(Exprimée en tonnes)
ET PART RESPECTIVE (°/₀) DE CHACUN DES PAYS
Ayant contribué au ravitaillement de la France
de 1908 à 1921.

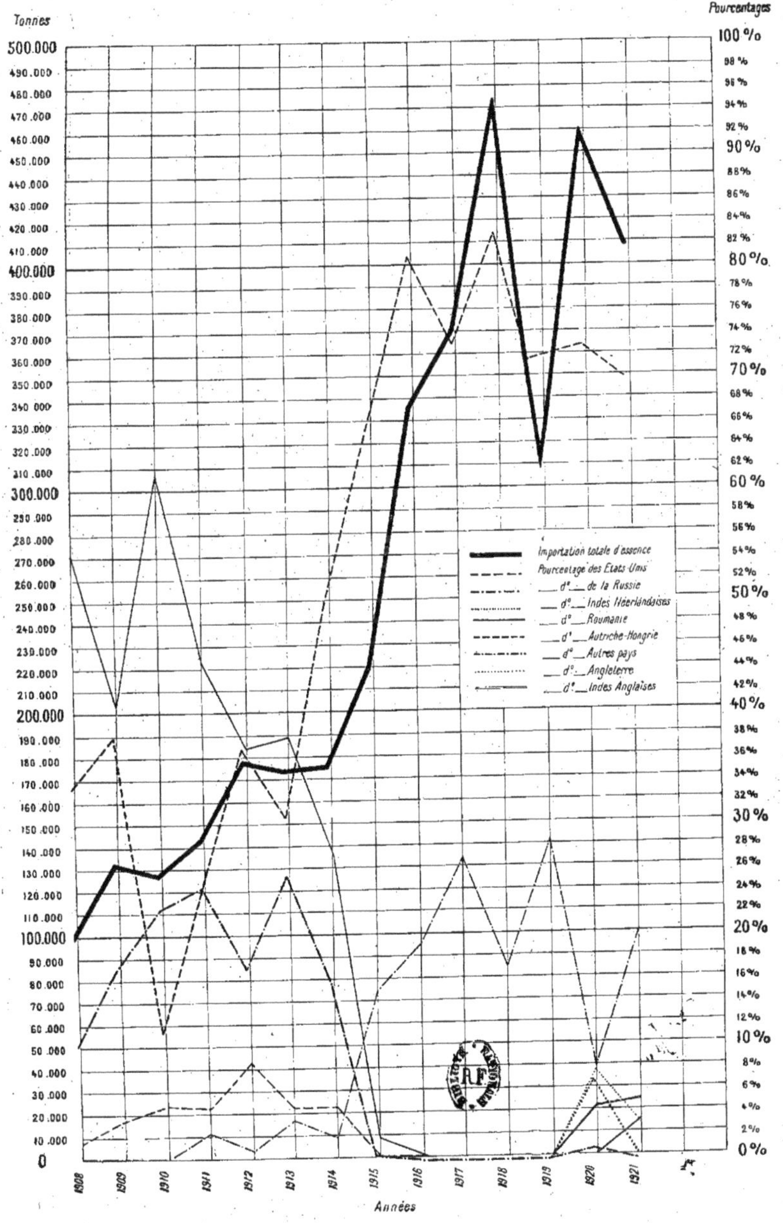

on parvint à extraire du pétrole brut un pourcentage remarquablement élevé d'essence [1].

Production d'essence aux Etats-Unis [1].

ANNÉES	HUILES BRUTES passées en raffinerie	PRODUCTION D'ESSENCE	RENDEMENT DE L'HUILE BRUTE en essence
	mètres cubes	mètres cubes	%
1904	10.647.760	1.100.000	10,3
1909	19.198.570	2.050.000	10,7
1914	30.403.310	5.550.000	18,3
1916	39.262.090	7.792.000	19,8
1917	50.093.650	10.788.700	21,6
1918	51.825.190	13.512.800	26,1
1919	57.467.590	14.979.640	26,1
1921	70.477.370	19.505.080	27,7

1. D'après *les Matières grasses*, 15 avril 1921, *Oil News* du 18 mars 1922, et l'*International Petroleum Reporter* du 1er mars 1922.

L'industrie de la *casinghead gasoline* vint aussi apporter un sérieux appoint à la production de l'essence. Les quantités

Production d'essence de casinghead aux États-Unis [1].

ANNÉES	QUANTITÉS PRODUITES
	mètres cubes
1917	824.646
1918	1.069.339
1919	1.330.500
1920	1.456.140
1921	1.792.655

1. D'après l'*U. S. Geological Survey* et le *Petroleum World* (février 1922).

d'essence produites en partant des gaz naturels s'ajoutèrent aux quantités obtenues par première distillation ou par *crac-*

1. On estime à 10 % de la production totale d'essence, la production d'essence de cracking.

king. En outre, l'addition d'essence de *casinghead* a rendu commerciales des essences très lourdes, renfermant des fractions de pétrole lampant et qui, sans coupage, eussent été absolument impropres à la carburation.

Le développement de la fabrication de la casinghead gasoline se poursuit d'ailleurs régulièrement, et représenterait, en 1921, comme l'essence de cracking, le dixième de la production d'essence des États-Unis.

Du côté de la consommation [1], on n'était pas resté inactif : les fabricants d'automobiles avaient apporté dans la construction de leurs voitures certains perfectionnements, destinés à rendre possible l'utilisation d'essences lourdes : pré-réchauffage des gaz, démarreurs automatiques, etc.

Importation d'essence en France (commerce spécial), en 1922.
Part de chaque pays ayant contribué au ravitaillement du marché français

PAYS D'ORIGINE	QUANTITÉS IMPORTÉES	PART DE CHAQUE PAYS
	tonnes	0/0
États-Unis	397.300	73,1
Mexique	45.300	8,2
Roumanie	32.000	5,8
Pays d'Asie, autres que le Japon et les Indes Néerlandaises	31.600	5,7
Indes Néerlandaises	12.300	2,2
Russie	9.100	1,6
Angleterre	3.200	0,6
Japon	500	0,1
Belgique	400	0,1
Autres pays	19.500	3,6
TOTAL	551.200	100,0

1. Au commencement de 1918, lorsque le manque d'essence devint menaçant pour les Intendances alliées, les Américains, dans un esprit de restriction patriotique, renoncèrent volontairement à une de leurs plus chères habitudes : au *joy-riding*, à la promenade dominicale en automobile.

La crise qui éclata pendant la guerre en Amérique et que les Américains surent conjurer à point est-elle susceptible de se reproduire dans l'avenir? Cette éventualité serait grosse de conséquences pour la France, tributaire de l'Amérique pour 70 % de son essence. Non pas qu'un manque absolu soit jamais à redouter — en temps de paix —, mais parce que la raréfaction de ce carburant dans le pays qui en règle mondialement les cours, risquerait d'en provoquer une hausse désordonnée. Il est permis d'espérer que les progrès accomplis et à accomplir, dans la technique du raffinage (cracking, berginisation, etc.) reculent indéfiniment cette échéance.

Essence de Bornéo. — Nous avons vu le rôle considérable joué pendant la guerre par l'essence, animatrice de la plupart des engins mécaniques de combat, véritable « muscle de la guerre ». Mais l'essence ne fut pas utilisée seulement comme carburant, elle prit une part plus directe à la lutte sous la forme de toluol et de xylol.

On sait la crise tragiquement imprévue de munitions, née surtout de la pénurie d'explosifs, qui faillit au début des hostilités paralyser l'élan de nos armées. Les explosifs nitrés (mélinite, tolite, etc.) se fabriquent en partant des benzènes, toluènes, xylènes, que l'on retire normalement du benzol. Or ce benzol, les cokeries du Nord, l'Angleterre et principalement l'Allemagne, nous le fournissaient. Notre ravitaillement s'est donc trouvé brusquement compromis : à la fin de 1914, il n'était pas possible de trouver par jour en France plus de 3 ou 4 tonnes de benzol, alors que les besoins s'élevaient au moins au décuple !

Aux raffineurs français revient l'initiative hardie d'avoir contribué pour une large part au redressement de cette situation, apparemment sans issue : se souvenant à propos que l'essence de Bornéo renferme un pourcentage important de carbures benzéniques (appelés aussi aromatiques), et bien que ce produit n'eût jamais fait, en France, l'objet d'un traitement, les raffineurs français n'hésitèrent pas à passer avec la Royal Dutch un important marché pour la fourniture de cette essence. Dès le mois de janvier 1915, une première cargaison fut livrée au Service des Poudres, et les arrivages se succédèrent à intervalles de plus en plus rapprochés.

Du 6 janvier 1915 au 2 novembre 1918, il a été ainsi introduit en France (en plus d'une cargaison de 2.193 tonnes et demie de xylol-essence, dont le rendement en carbures aromatiques était de 53,9 %) une quantité totale de 147.266 tonnes et demie de produits de Bornéo, ayant une teneur moyenne de 14,0485 % en toluol et de 12,59 % en xylol[1]. C'est par centaines de millions que se comptent les obus français qui, grâce à ces produits, ont pu être chargés.

Consommation comparée du pétrole et de l'essence. — Dans la période qui a précédé l'avènement du règne de l'automobile, tout le commerce des pétroles portait sur le lampant; jusqu'en 1905, il rentrait pour 80 % dans la vente des produits raffinés. A cette époque, l'essence gagne rapidement du terrain : elle arrive à égalité avec le pétrole en 1915 et, à partir de 1916, l'équilibre est définitivement rompu au profit de l'essence. En 1922, pour chaque litre de pétrole mis en vente, il a été consommé plus de 2 litres d'essence.

III. — HUILES DE GRAISSAGE

Consommation. — Les huiles de graissage ont trouvé dans

1. « Nos procédés de distillation sont impuissants pour séparer ces carbures. On s'est borné à faire des rectifications permettant d'obtenir : des fractions constituant le « benzène-essence », passant vers 80-81°; d'autres appelés « toluène-essences » distillant vers 110-112°, et enfin le « xylène-essence » 130-132°, chacun de ces mélanges renfermant, à côté d'un seul carbure nitrable, des carbures non nitrables de volatilité voisine. Mononitrotoluène et mononitroxylène furent ensuite convertis en tolite et en xylite, tandis que le mononitrobenzène était remis aux fabriques d'aniline en vue de sa conversion partielle en diphénylamine, et stabilisant des poudres B et en matières colorantes. » (*L'industrie chimique pendant la guerre*, Conférence faite les 8 et 15 mai 1920 par M. Haller. *Bulletin de la Société d'Encouragement pour l'Industrie nationale*, novembre-décembre 1920.)

CONSOMMATION TOTALE DE PRODUITS RAFFINÉS
(Exprimée en tonnes).
ET POURCENTAGES RESPECTIFS DU PÉTROLE LAMPANT ET DE L'ESSENCE
(sur la consommation totale des produits raffinés)
de 1893 à 1921.

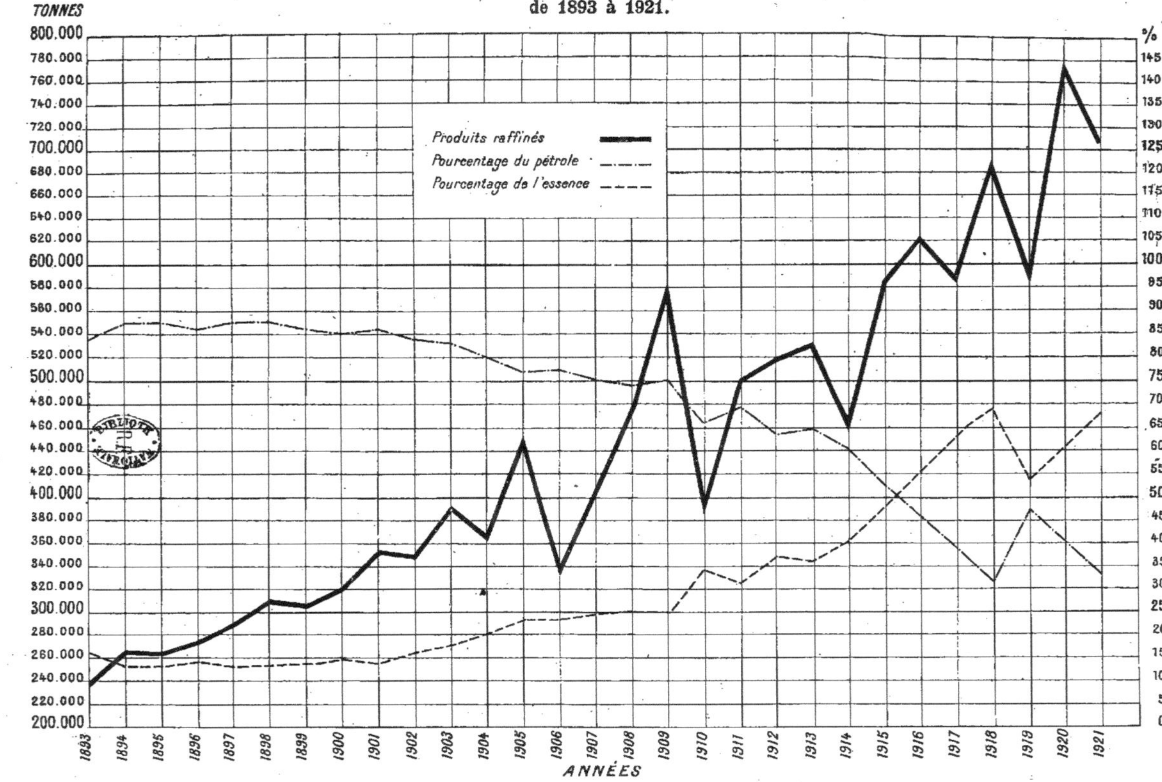

l'automobile un débouché relativement restreint [1]; elles n'ont donc pas vu leur consommation progresser par bonds aussi rapides que l'essence. De 1893 à 1913, les importations annuelles d'huiles de graissage avaient néanmoins sensiblement quadruplé, passant de 35.000 à 145.000 tonnes. En 1922, les quantités importées se sont élevées à 187.000 tonnes contre 120.000 tonnes en 1921 et 228.000 tonnes en 1920. Remarquons à ce propos que la consommation des huiles lubrifiantes constitue un indice, un baromètre très sûr de la prospérité industrielle d'un pays. Quand les machines sont arrêtées, ou quand elles travaillent à marche réduite, elles

Exportations d'huiles de graissage des Etats-Unis dans les principaux pays européens [1].

	1920	1921	% D'AUGMENTATION ou de DIMINUTION en 1921 par rapport à 1920
	mètres cubes	mètres cubes	%
Grande-Bretagne	450.042	231.559	— 48,3
France	249.570	146.779	— 41,2
Allemagne	130.690	227.722	+ 74,2
Belgique	102.306	78.050	— 23,7
Italie	86.790	77.505	— 10,7
Hollande	26.524	16.825	— 36,6

1. D'après l'*International Drug Reporter*, 15 mai 1922.

utilisent évidemment une quantité moindre de lubrifiants que lorsqu'elles fonctionnent à plein rendement. Période d'activité industrielle, les années 1916 à 1920, au cours desquelles la consommation d'huiles de graissage atteint des taux élevés; période de dépression industrielle, l'année 1921 qui n'enregistre aux importations de lubrifiants qu'un faible chiffre.

Cette remarque a pu se vérifier également à l'étranger : l'année 1921 a été une année de crise générale. Un seul pays

1. Une voiture automobile ne consomme en moyenne qu'un litre d'huile pour 20 litres d'essence.

d'Europe, l'Allemagne, a réussi à échapper à ce phénomène et, seule de toute l'Europe occidentale, l'Allemagne a importé en 1921 un contingent plus élevé d'huiles de graissage qu'en 1920.

Consommation comparée avec les principaux pays d'Europe. — La remarque que nous venons de faire sur le rapport qui existe entre la consommation de l'huile de graissage et l'activité industrielle, trouve ici une nouvelle application : l'Angleterre et l'Allemagne apparaissent dans notre tableau comme les nations les plus industrialisées ; la France et la Hollande, toutes deux pays semi-agricoles, se classent immédiatement après, *ex-æquo*. La dernière place appartient à l'Espagne, malgré le développement des manufactures catalanes.

Importations d'huiles de graissage dans les principaux pays d'Europe en 1921.

PAYS	IMPORTATIONS	QUANTITES IMPORTÉES par TÊTE D'HABITANT
	tonnes	kilogrammes
Allemagne	274.036	4,5
Angleterre	201.000 [1]	4,4
Espagne	14.747	0,7
France	**117.750**	**3,0**
Italie	49.266	1,2
Pays-Bas	19.378	3,0
Suède	13.193	2,3
Suisse	9.053	2,3

1. 280.000 tonnes en 1922.

Origine des importations. — Avant la guerre, le marché français des huiles de graissage se partageait en quantités à peu près égales entre l'Amérique et la Russie. Le rôle important que jouait la Russie dans le commerce des lubrifiants, s'explique par les qualités exceptionnelles, universellement reconnues, que possèdent les huiles de graissage extraites des pétroles bruts du Caucase. Depuis 1915, c'est l'Amérique qui

IMPORTATION TOTALE D'HUILES LOURDES EN FRANCE (Commerce spécial)

(Exprimée en tonnes)

ET PART RESPECTIVE (%) DE CHACUN DES PAYS

Ayant contribué au ravitaillement de la France.

IMPORTATION TOTALE DE RÉSIDUS ADMIS AUX DROITS RÉDUITS

Huiles lourdes de 1893 à 1921. Résidus de 1919 à 1921.

Tonnes

1.000.000, 980.000, 960.000, 940.000, 920.000, 900.000, 880.000, 860.000, 840.000, 820.000, 800.000, 780.000, 760.000, 740.000, 720.000, 700.000, 680.000, 660.000, 640.000, 620.000, 600.000, 580.000, 560.000, 540.000, 520.000, 500.000, 480.000, 460.000, 440.000, 420.000, 400.000, 380.000, 360.000, 340.000, 320.000, 300.000, 280.000, 260.000, 240.000, 220.000, 200.000, 180.000, 160.000, 140.000, 120.000, 100.000, 80.000, 60.000, 40.000, 20.000, 0

Pourcentages

100 %, 98 %, 96 %, 94 %, 92 %, 90 %, 88 %, 86 %, 84 %, 82 %, 80 %, 78 %, 76 %, 74 %, 72 %, 70 %, 68 %, 66 %, 64 %, 62 %, 60 %, 58 %, 56 %, 54 %, 52 %, 50 %, 48 %, 46 %, 44 %, 42 %, 40 %, 38 %, 36 %, 34 %, 32 %, 30 %, 28 %, 26 %, 24 %, 22 %, 20 %, 18 %, 16 %, 14 %, 12 %, 10 %, 8 %, 6 %, 4 %, 2 %, 0 %

——— Importation totale d'huiles lourdes et résidus

- - - - - Pourcentage des États-Unis

—·—·— d° de la Russie

—··—··— d° des autres pays

-+-+- Produits admis aux droits réduits

1893, 1894, 1895, 1896, 1897, 1898, 1899, 1900, 1901, 1902, 1903, 1904, 1905, 1906, 1907, 1908, 1909, 1910, 1911, 1912, 1913, 1914, 1915, 1916, 1917, 1918, 1919, 1920, 1921

Années

monopolise en France le marché ; en Amérique, c'est le privilège exclusif des bruts de Pensylvanie de donner des huiles de premier ordre (huiles pour vapeur surchauffée). La production de brut étant en baisse en Pensylvanie, les fabricants d'huiles de graissage ajoutent aux *bright stocks* pensylvaniens, vendus autrefois purs, des quantités toujours plus considérables de *neutrals* du Mid-Continent.

Importation d'huiles de graissage en France (commerce spécial), en 1922. Part de chacun des pays ayant contribué au ravitaillement du marché français.

PAYS D'ORIGINE	QUANTITÉS IMPORTÉES	PART DE CHAQUE PAYS
	tonnes	0/0
États-Unis	170.675	91,2
Russie	6.276	3,3
Belgique	3.602	1,9
Angleterre	2.379	1,3
Mexique	962	0,5
Allemagne	300	0,2
Sarre	117	0,1
Autres pays	2.864	1,5
TOTAL	187.175	100,0

Aux importations américaines s'ajoute, depuis quatre ans, l'appoint important de la raffinerie de Pechelbronn. Les huiles de graissage fabriquées en Alsace, dans des installations très modernes, sont d'excellente qualité [1], et leur production, qui s'élève à 35.000 tonnes environ par an, ne représente pas loin du cinquième de la consommation normale de la France.

1. Les huiles de graissage de Pechelbronn ne présentent que le défaut d'être paraffineuses, ce qui élève considérablement leur point de solidification et les rend inutilisables, l'hiver, sous nos latitudes. Le déparaffinage obvie bien à cet inconvénient, mais il constitue une opération coûteuse — et que ne couvre pas la vente de la paraffine obtenue —. On se propose d'employer une partie de ces huiles sur les chemins de fer, dans les colonies qui, comme le Dahomey ou le Congo, jouissent toute l'année d'un climat uniformément chaud.

IV. — HUILES COMBUSTIBLES

Consommation. — Les statistiques des douanes désignent les huiles combustibles et les *road-oils* sous le nom de résidus[1], et cette rubrique ne fait son apparition qu'en 1919. Antérieurement à la loi du 5 août 1919[2], notre régime douanier assimilait les huiles combustibles aux huiles de graissage, rendant, par les droits d'entrée auxquels ces dernières étaient assujetties, leur emploi absolument prohibitif[3].

Le vote de la loi de 1919 coïncidant avec la crise du charbon, les demandes de fuel-oil se firent immédiatement très vives, et au cours de l'année 1920, bien que les installations entreprises dans les ports, en vue de la réception des produits noirs[4], n'eussent pas été entièrement terminées, on importa en France près de 70.000 tonnes d'huiles combustibles. En 1921, le manque de charbon ne se faisant plus sentir, les importations tombèrent à 50.000 tonnes. En 1922, elles ont atteint 77.068 tonnes.

Presque toutes les cargaisons d'huiles combustibles importées en France sont d'origine américaine ou mexicaine[5].

1. Cette appellation est sujette à critique : le fuel-oil et le road-oil, qui restent dans les chaudières après distillation, correspondent bien à la notion du résidu, mais il n'en est pas de même pour le gas-oil, que l'on recueille, comme l'essence et le pétrole, par condensation. Les Américains, dans leurs statistiques, englobent d'ailleurs le gas-oil sous la dénomination de *refined products*.

2. Voir chapitre v (Droits et taxes) et chapitre vi (L'Industrie du Raffinage).

3. Un droit de 90 francs à la tonne frappait à son entrée en France la tonne de fuel-oil, dont la valeur marchande, avant la guerre, n'excédait pas 40 ou 50 francs.

4. Comme on ne saurait songer à faire passer successivement par la même conduite du fuel-oil et du pétrole ou de l'essence, il a fallu construire des tuyauteries supplémentaires. On a dû pourvoir aussi les réservoirs, destinés à l'emmagasinage du fuel-oil, de grilles ou de serpentins de réchauffage, traversés par de la vapeur et qui, abaissant la viscosité de l'huile, en rendent le pompage possible, quelle que soit la température extérieure.

5. Signalons, à titre de nouveauté, l'arrivée toute récente à Marseille (fin décembre 1922) du tanker *British Engineer*, transportant depuis Swansea 8.500 tonnes de fuel-oil, extrait de brut de Perse.

Importation de résidus (commerce spécial) en France, en 1922. Part respective de chacun des pays ayant contribué au ravitaillement du marché français.

PAYS D'ORIGINE	QUANTITÉS IMPORTÉES	PART DE CHAQUE PAYS
	tonnes	%
États-Unis	33.436	43,4
Japon	506	0,6
Allemagne	455	0,6
Angleterre	127	0,2
Autres pays	42.544	55,2
TOTAL	77.068	100,0

Consommation comparée avec les autres pays d'Europe. — Combien dérisoires apparaissent les chiffres de nos importations en comparaison des quantités consommées en Angleterre, pays qui a pourtant bâti sa fortune sur le charbon. Il a été importé dans le Royaume-Uni, en 1920, près de 1.700.000 tonnes d'huiles combustibles, plus de 2 millions et demi de tonnes en 1921 et près de 2 millions de tonnes en 1922[1]. La consommation des Pays-Bas et, dans une moindre mesure, celle de la Suède, ressortent aussi comme particulièrement élevées : dans ces deux pays, le moteur à combustion interne a atteint un état de perfectionnement technique et de développement industriel inconnu chez nous.

1. Les quantités (qui ne comprennent pas les produits extraits du pétrole brut traité en Angleterre) se décomposent comme suit (*Petroleum Times*, 21 janvier 1922 et 13 janvier 1923) :

	1920	1921	1922
	tonnes	tonnes	tonnes
Fuel-oil	1.466.200	2.247.700	1.655.000
Gas-oil	211.300	303.000	277.000

L'augmentation considérable de la consommation de fuel-oil en 1921 s'explique, pour une large part, par la grève des mineurs qui, au cours de cette année, sévit durant de longues semaines.

Importations d'huiles combustibles dans les principaux pays d'Europe en 1921.

PAYS	IMPORTATIONS	QUANTITÉS IMPORTÉES par TÊTE D'HABITANT
	tonnes	kilogrammes
Angleterre	2.555.000 [1]	46,8
Espagne	45.296	2,3
France	**49.860**	**1,2**
Italie	48.830	1,2
Pays-Bas	152.846	23,5
Suède	36.571	6,5
Suisse	8.873	2,3

1. 1.930.000 tonnes en 1922, sans compter les quantités extraites du pétrole brut.

Avenir réservé à l'emploi des combustibles liquides. — L'utilisation encore embryonnaire des combustibles liquides est-elle appelée à prendre en France une large extension? La question se pose différemment pour le fuel-oil et pour le gas-oil[1]. Le gas-oil est assuré d'un débouché très vaste le jour, prochain peut-être, où les moteurs Diesel et semi-Diesel, qui battent déjà, sur le terrain du rendement thermique et de l'économie d'exploitation, la machine à vapeur, pourraient rivaliser avec elle sur le chapitre de la souplesse et de la robustesse[2]. Quant au fuel-oil, l'enthousiasme un peu factice qu'il a suscité après l'armistice, semble quelque peu tombé, et il règne aujourd'hui un certain scepticisme sur l'avenir immédiat de son emploi dans les installations terrestres. Les cours actuels du fuel-oil ne permettent pas de

1. Avec le gas-oil on peut ranger le motor-fuel-oil, produit obtenu par le mélange du fuel-oil et du gas-oil.
2. La Société des Automobiles Peugeot a fait faire, en septembre 1922, à l'une de ses voitures, munie d'un moteur Tartrais, et brûlant uniquement du gas-oil, le voyage Paris-Bordeaux-Paris : tentative des plus intéressantes, bien que ce nouveau type de moteur ne soit pas encore pratiquement au point.

réaliser une économie sur le charbon ; on comprendra que, sauf dans certaines fabrications ou industries spéciales, les industriels hésitent à effectuer de coûteuses transformations aux foyers de leurs fours ou de leurs chaudières, sans avoir la certitude d'un approvisionnement régulier au point de vue quantités et prix.

Dans la navigation maritime, les données du problème sont différentes. Nous ne parlons pas, bien entendu, de la marine de guerre, chez laquelle la question de manœuvrabilité, primant toute considération pécuniaire, impose impérieusement de recourir aux huiles combustibles, mais seulement de la marine marchande. Même pour les navires de commerce, la chauffe au fuel-oil semble devoir supplanter la chauffe au charbon : tous les avantages inhérents à l'emploi du fuel-oil à terre subsistent à bord, et il s'en ajoute un grand nombre d'autres, trop souvent rappelés pour que nous les énumérions. Aussi tous les grands paquebots français, et un grand nombre des cargos dernièrement lancés, sont-ils aménagés pour brûler des huiles combustibles. Ceux de ces bateaux qui assurent le service entre la France et l'Amérique, remplissent leurs soutes dans un port américain, et transportent leur combustible pour le voyage de retour : ils n'ont donc pas besoin de *mazouter* dans un port français et leur consommation échappe par conséquent aux constatations des statistiques douanières.

III. — PLACE DU COMMERCE DU PÉTROLE DANS LE COMMERCE EXTÉRIEUR DE LA FRANCE

A nos longs développements sur le commerce extérieur du pétrole au point de vue quantitatif, nous ajouterons un rapide aperçu au point de vue des valeurs, afin de déterminer l'importance relative du pétrole dans nos échanges internationaux.

Le pétrole rentre, d'après la douane, dans la catégorie des

matières nécessaires à l'industrie, et à l'intérieur de ce groupe, où il rencontre pourtant de sérieux rivaux, il a réussi à se créer, en un temps relativement court, une importante situation : en 1911, les importations d'huiles minérales représentaient moins de 100 millions de francs ; elles se sont élevées à 730 millions de francs en 1921, après avoir atteint près d'un milliard et demi en 1920.

Du septième rang qu'il occupait en 1911, le pétrole, battant la soie et le caoutchouc, a gagné la cinquième place en 1921 ; il vient encore assez loin derrière la houille (3 milliards), les laines (1 milliard 700 millions), le coton (1 milliard 400.000 francs) et suit d'assez près les graines oléagineuses (950 millions).

Nous ne disposons pas encore des statistiques de 1922, mais on peut prévoir qu'au cours de cette dernière année, la France n'aura pas dépensé loin d'un milliard pour son approvisionnement en carburants liquides et en lubrifiants.

A une époque où tout le monde a les yeux fixés sur les cours des changes et, de là, sur la balance des comptes, pareil chiffre prête à réflexion. Il serait tentant de le réduire. Mais par quelle voie ? Est-cé en développant la production de pétrole en France ? — Ou bien en faisant renaître le raffinage de ses cendres ? — Ou bien encore en trouvant à l'essence un succédané ?

MATIÈRES NÉCESSAIRES A L'INDUSTRIE (Importation).

Comparaison des valeurs (en milliers de francs)[1].

De 1911 à 1921.

PRODUITS	1911	1912	1913	1914	1915	1916
Huiles minérales	**99.654**	**144.925**	**164.576**	**136.379**	**196.718**	**435.426**
Houille	453.470	501.454	583.997	432.456	1.095.234	2.158.044
Coton	551.667	567.114	577.194	332.977	378.086	667.902
Laines	674.634	684.627	701.747	544.224	231.631	429.153
Caoutchouc	237.767	218.654	122.783	71.248	87.768	145.947
Graines et fruits oléagineux	371.667	365.691	387.551	323.446	338.556	500.924
Fonte, fer, acier	35.094	51.675	38.613	28.857	553.585	1.953.366
Soie	317.424	319.104	361.079	264.111	202.110	338.788

PRODUITS	1917	1918	1919	1920	1921
Huiles minérales	**684.695**	**772.620**	**648.612**	**1.456.266**	**730.910**
Houille	2.261.611	1.999.495	2.969.921	7.094.628	3.033.097
Coton	1.334.165	1.150.932	1.501.766	3.055.309	1.371.813
Laines	487.395	342.642	2.005.258	2.922.359	1.711.515
Caoutchouc	193.920	133.578	243.418	285.803	150.991
Graines et fruits oléagineux	657.727	302.607	894.068	1.252.450	961.142
Fonte, fer, acier	2.191.214	1.984.827	1.131.503	1.083.026	382.757
Soie	480.741	687.994	973.938	1.601.926	453.055

1. D'après les statistiques des Douanes

CHAPITRE IV

ORGANISATION DU COMMERCE DU PÉTROLE EN FRANCE

I. — PHYSIONOMIE SPÉCIALE AU COMMERCE DU PÉTROLE

Tous les économistes modernes sont d'accord pour déclarer que l'industrie des transports et le commerce augmentent l'utilité et la valeur des produits fabriqués, ce en quoi ils se séparent des anciens auteurs qui reconnaissaient un caractère productif à la seule transformation proprement dite des marchandises : chacun connaît la théorie de la chrématistique d'Aristote et aussi la thèse plus récente des Physiocrates sur la productivité exclusive de l'agriculture et la « stérilité » des autres fonctions.

Aujourd'hui le débat est clos, et nul ne conteste plus la création supplémentaire d'utilité qui est due à l'industrie des transports et au commerce ; il subsiste néanmoins encore des discussions sur le degré inégal de productivité des différentes formes de l'activité humaine. Se basant sur cette inégalité de productivité, certains économistes ont institué entre les divers modes de production une véritable hiérarchie, à la tête de laquelle ils inscrivent l'industrie manufacturière et l'agriculture. L'industrie des transports occuperait le rang suivant ; quant au commerce, de même que la chaleur est une forme dégradée de l'énergie, il ne serait lui-même qu'une forme dégradée de la productivité.

Si l'on adoptait cette théorie et la classification corollaire, il faudrait créer, sous le nom de *commerce-industrie*, une place à part pour le commerce du pétrole, à cause du caractère hybride et de la physionomie très spéciale qu'il présente. Le commerçant, en général, limite son activité à un achat suivi de revente; les transports ne jouent pour lui qu'un rôle accessoire ; ses installations et son matériel sont restreints et ne représentent par rapport à son chiffre d'affaires qu'une valeur minime ; le capital investi dans son affaire peut être considérable mais sert pour la plus grande part au renouvellement de son stock. Dans le commerce-industrie du pétrole, au contraire, des organisations puissantes et complexes vont chercher le pétrole jusqu'au pays de production et le répartissent elles-mêmes, sous une forme pratique, dans tous les centres de consommation, les plus infimes soient-ils : des centaines de milliers de tonnes de marchandises sont ainsi chaque année manipulées par leurs soins. Nous n'apercevons, quant à nous, en France, aucune autre entreprise qui réunisse au même degré le commerce avec l'industrie des transports et de la mise à la disposition du public.

II. — LA CONSOMMATION ET L'INTÉGRATION DANS LE COMMERCE-INDUSTRIE DU PÉTROLE

Le commerce-industrie du pétrole en France répond au type d'une industrie fortement concentrée et intégrée : ce phénomène, loin d'être spécial à la France, constitue, comme nous l'avons déjà fait observer, un des traits caractéristiques de l'industrie du pétrole dans les différentes parties du monde.

La concentration se manifeste par le petit nombre de sociétés qui se livrent en France à l'importation et la distribution des huiles minérales : on pourrait difficilement en recenser une vingtaine. Quant au capital représenté par l'ensemble de ces sociétés, il doit — pour autant qu'on puisse l'évaluer — se rapprocher d'un milliard, soit par société un capital moyen de 50 millions de francs.

Il faut rechercher la cause de cette concentration assez loin en arrière, dans la protection accordée par la loi, après 1870, au raffinage des pétroles. Les petits commerçants, incapables de supporter les frais élevés de construction d'une raffinerie, se sont trouvés alors éliminés au profit des gros importateurs qui disposaient des capitaux nécessaires à pareille immobilisation. On pourrait s'imaginer que cette concentration n'aurait pas survécu à l'industrie du raffinage, frappée à mort par la loi de 1903; mais entre temps s'était accomplie une véritable révolution dans le mode de transport des pétroles : l'usage des bateaux-citernes s'est généralisé de 1890 à 1900 et il est intervenu aussi une grande transformation dans la distribution : pétrole et essence sont devenus des produits de très large consommation, qui doivent pouvoir s'acheter en tous lieux, ce qui entraîne d'énormes mises de fond pour la partie purement distributive du commerce. Les installations excessivement coûteuses, inséparables d'une technique perfectionnée, la nécessité de créer des organismes de distribution jusque dans les villages, le risque inhérent à l'accumulation d'énormes quantités d'un produit facilement inflammable, toutes ces raisons ont perpétué au profit des raffineurs, mués en importateurs, un monopole de fait. Ce monopole, abrité uniquement derrière une barrière de capitaux et exposé aux attaques de tout groupement capable de faire l'effort financier approprié, était voué à n'avoir qu'une existence très précaire: dès avant la guerre, il s'est trouvé rompu par la création de plusieurs sociétés constituées au moyen d'apports de fonds français ou étrangers. Et dans ces dernières années, les anciens importateurs ont vu leurs rangs grossir par l'immixtion de plusieurs nouveaux concurrents[1].

1. Voir *infra*, « L'établissement des trusts en France ».

L'intégration se présente également comme un élément caractéristique du commerce du pétrole : les sociétés de distribution arment elles-mêmes leurs tank-steamers, fabriquent leurs emballages (bidons et caisses) dans leurs propres usines, possèdent une flottille de chalands fluviaux et de remorqueurs, et sont propriétaires des wagons-citernes destinés à alimenter leurs entrepôts et des camions chargés d'effectuer les livraisons à la clientèle.

Il ne manque, dans un certain nombre de cas, que deux maillons pour que soit complète la chaîne qui réunit le *derrick* du puits au réservoir de l'automobile : la production et le raffinage. Certaines sociétés françaises contrôlent, il est vrai, des compagnies productrices en Roumanie et en Galicie ; il n'empêche que presque tout notre pétrole est acheté auprès des grands trusts. Quant au raffinage, après avoir traversé une longue ère de prospérité, il a fini par disparaître momentanément sous l'effet d'une protection douanière insuffisante[1].

On rencontre cependant un exemple d'intégration parfaite chez certaines sociétés françaises, véritables prolongements en France des grands trusts : la Société « Eco », filiale de la Standard, vend directement au consommateur de l'essence, extraite, raffinée et transportée par la Société-mère. Il n'est pas jusqu'aux pompes mesureuses « Gilbert et Barker », servant au débit de cette essence, qui n'aient été fabriquées de toutes pièces par une compagnie américaine, contrôlée par ce même trust !

III. — ORGANISATION MATÉRIELLE DU COMMERCE-INDUSTRIE DU PÉTROLE

Transports maritimes. — Les huiles minérales, pour la plupart d'origine américaine, sont transportées en France au

1. Voir *infra*, chap. VI.

moyen de bateaux-citernes[1]. Ce mode de transport s'est entièrement substitué au transport par fûts en bois depuis 1900 pour le pétrole et quelques années plus tard pour l'essence[2]. Le transport en vrac est en lui-même plus onéreux que le transport par fûts, à cause de l'absence de fret de retour[3] : s'il est plus avantageux, c'est qu'il faut tenir compte des frais de réexpédition des fûts vides, marchandise encombrante par définition[4], et de l'amortissement de ces fûts.

La flotte-citerne, possédée par les raffineurs français et affectée avant la guerre au ravitaillement de la France, se composait de douze bateaux (arborant pour la plupart le pavillon anglais) et représentant un tonnage (portée en huile) de 50.000 tonnes. En supposant pour chaque navire une rotation de sept voyages et demi par an — à cette époque, les chargements s'effectuaient uniquement à New-York, à Philadelphie ou dans la Mer Noire — cette flotte était capable de transporter 375.000 tonnes, c'est-à-dire de satisfaire aux trois quarts des besoins de notre consommation de pétrole et d'essence.

Deux unités supplémentaires, qui assuraient habituellement un autre trafic, furent, au début des hostilités, adjointes

1. La Roumanie pourrait expédier des pétroles en France par wagons-citernes, mais la distance qui sépare les deux pays rend plus économique le transport par mer. Quant aux pétroles de Galicie, avant la guerre, favorisés sur les réseaux autrichiens et allemands par des tarifs préférentiels, ils arrivaient par wagons-citernes dans l'Est de la France et constituaient même une concurrence sérieuse pour les produits de provenance américaine. Ce trafic renaîtra-t-il un jour ? Depuis l'été de 1922, quelques wagons de pétrole galicien ont été introduits en France : les tarifs préférentiels sur les chemins de fer du Reich n'ont pas été rétablis officiellement, mais l'avilissement du mark allemand aboutit à un résultat identique. Ce courant commercial, s'il parvient jamais à se développer, se déplacera en faveur de Dantzig, le jour où la Vistule deviendra plus aisément navigable.

2. Lorsque les premiers tank-steamers ont été lancés, on a hésité longtemps avant de les charger en essence, et le transport de ce produit était réservé aux voiliers-citernes. Le taux des polices d'assurance, qui ne distinguent pas aujourd'hui entre le pétrole et l'essence, est la meilleure preuve de l'inexistence du risque supplémentaire de l'essence.

3. Sur les tentatives effectuées pour obtenir un fret de retour, voir *supra*, page 16.

4. Aussi les inventeurs se sont-ils ingéniés à chercher un type de fût démontable ou *télescopique*. Une société s'est créée, en 1922, en Angleterre, pour l'exploitation d'un brevet, grâce auquel le problème serait résolu. Tous les modèles antérieurement expérimentés péchaient par leur manque d'étanchéité.

à cette flotte. Les sous-marins allemands, ayant reconnu avec justesse chez les Alliés le défaut de la cuirasse, s'acharnèrent-ils tout spécialement après les tank-steamers? On l'a prétendu, bien que l'ennemi ne dût pas faire aisément le choix de ses proies. Toujours est-il que sur les quatorze bateaux-citernes reliant la France à l'Amérique, quatre furent coulés par les Allemands [1].

Depuis l'armistice, les raffineurs et certaines Compagnies de Navigation ont acheté et fait construire de nombreux bateaux-citernes. Les pertes résultant de la guerre ont été très largement compensées : la flotte-citerne française s'élève aujourd'hui à 155.600 tonnes [2], auxquelles il y a lieu d'ajouter les 63.000 tonnes des navires appartenant aux raffineurs français, mais naviguant sous pavillon étranger. La flotte pétrolière française possède donc une capacité de transport qui dépasse sensiblement les besoins du pays : en tablant sur six voyages et demi par an pour chaque bateau (la durée moyenne des voyages s'est sensiblement allongée depuis que la plupart des tankers vont charger au Golfe du Mexique), notre flotte-citerne pourrait amener chaque année, en France, plus de 1.400.000 tonnes de pétrole [3].

1. D'autres tank-steamers furent plus ou moins sérieusement endommagés ; le « *Luciline* », malgré les dégâts occasionnés dans sa coque par une torpille, put rejoindre un port irlandais, non sans que quelques matelots, intoxiqués par les gaz hilarants dégagés par la cargaison d'essence, n'aient péri par asphyxie. — Le « *Pétroléine* », abandonné en flammes par son équipage, au large de Cherbourg, fut sauvé par l'intervention d'un torpilleur français. De cet incident naquit un curieux procès ; on mit notamment en discussion le droit pour les marins de l'Etat, qui ont coopéré à un sauvetage, de réclamer une indemnité au propriétaire du navire. Le jugement du Tribunal de Commerce de la Seine du 24 avril 1919, inspiré, semble-t-il, par des considérations plus sentimentales que juridiques, résolut la question par l'affirmative. Cette décision, très attaquée par la doctrine, n'a d'ailleurs pas fait jurisprudence (Cf. jugement du Tribunal de Commerce du Havre du 14 février 1920, relatif à un cas analogue : assistance apportée par un canot de sauvetage).

2. *Journal de la Marine marchande*, 5 octobre 1922.

3. Au 31 décembre 1922, d'après le bulletin du *Lloyd's Register* relatif aux constructions mondiales de marine marchande pendant le dernier trimestre de 1922, il se trouvait en construction, en France, quatre bateaux-citernes représentant ensemble 22.810 tonneaux (*le Temps*, 17 janvier 1923).

Ports de réception. — Les principaux ports, aménagés en vue de la réception des bateaux-citernes sont situés sur les estuaires des fleuves[1] : Le Havre et Rouen sur la Seine, Donges et Saint-Nazaire sur la Loire, Blaye et Furt sur la Gironde, Saint-Loubès sur la Dordogne. Les autres ports pétroliers de France sont : Dunkerque et Calais, sur la mer du Nord, Cherbourg[2] sur la Manche et La Pallice sur l'Atlantique. Dans la Méditerranée, à courte distance l'un de l'autre, s'échelonnent Cette (Frontignan et Balaruc-les-Bains), Port-Saint-Louis-du-Rhône, Port-de-Bouc et Marseille.

Dunkerque, qui dessert toute la région industrielle et fortement peuplée du Nord, a un trafic important de pétroles.

Rouen, à lui tout seul, reçoit un tonnage de pétrole égal à celui de tous les autres ports français réunis[3] : profondément enfoncé dans les terres, à proximité de grands centres de consommation, et tête de ligne de ce merveilleux chemin d'eau qu'est la Seine, Rouen jouit d'une situation géographique privilégiée : le seul obstacle possible à son développement réside dans l'insuffisance de profondeur du chenal creusé dans la Seine : les navires d'une portée en lourd inférieure à 10.000 tonnes peuvent seuls remonter jusqu'au bassin à pétrole, et encore à condition d'alléger une partie de leur cargaison au Havre. Cette obligation ne constitue pas encore une

1. Les faibles suppléments, parfois exigés par les chartes-parties pour faire remonter les estuaires aux tankers, se trouvent très largement contrebalancés par la réduction des frais de réexpédition ultérieure.

2. L'entrepôt de pétrole de Cherbourg appartient à une espèce de coopérative, groupant la plupart des raffineurs français. Le port pétrolier de Cherbourg a été construit à l'instigation du Gouvernement lorsque l'avance allemande, au printemps de 1918, pouvait faire craindre pour la sécurité de Rouen. Ces motifs stratégiques disparus, Cherbourg, sentinelle avancée à l'extrémité de la presqu'île du Cotentin, et trop éloignée des centres principaux de consommation, semble vouée, en tant que port de commerce pour le pétrole, à une inaction qui paraît sans remède.

3. D'après les relevés du Bureau du port, aimablement communiqués par la Chambre de Commerce, il a été importé par Rouen, en 1922, 498.222 tonnes d'huiles minérales, se décomposant ainsi :

Pétrole et essence	414.924	tonnes
Huile de graissage	64.641	»
Mazout	8.657	»

gêne bien sérieuse[1], étant donné le tonnage courant des tankers, mais il en irait différemment si jamais se généralisait la construction de bateaux-citernes de 15 ou 20.000 tonnes.

Si Rouen est le grand port pétrolier de la Manche, La Pallice semble être le port pétrolier de l'Océan le mieux partagé : il peut recevoir directement des pétroliers de 10.000 tonnes. De plus, si l'on regarde son emplacement sur une carte de France, on constatera qu'il occupe la partie la plus rentrante de la courbe concave tracée par la côte Atlantique : c'est par conséquent le port de l'Océan doté de l'hinterland le plus vaste.

Dans la Méditerranée, aucun port ne présente sur les autres de supériorité bien marquée : Marseille, également éloignée des frontières espagnole et italienne, semble cependant occuper la situation la plus favorable. Les départements desservis par les ports méditerranéens sont d'ailleurs — exception faite de la zone côtière et du couloir du Rhône — des départements montagneux, à faible densité de population, et n'offrant par conséquent qu'un débouché peu considérable au pétrole et à l'essence.

Entrepôts de douane. — Raccordé par un tuyau flexible aux conduites qui aboutissent à l'estacade où il est amarré, le bateau-citerne refoule par ses pompes[2] le contenu de ses réservoirs jusque dans les bacs terrestres. Ces bacs, dont les plus vastes en France ont une capacité de 7 à 8.000 mètres

1. Les importateurs de pétrole sont naturellement dans la nécessité — s'ils ne veulent pas recevoir des fractions de cargaison — de doubler leurs installations de Rouen par une station d'allègement au Havre.

2. Les règlements concernant la police des ports exigent uniformément, dans tous les pays, que les tank-steamers, dès leur arrivée au bassin qui leur est réservé, mettent bas leur feu : la vapeur nécessaire au pompage doit donc leur être fournie de terre, d'où gaspillage de combustibles et souvent retards préjudiciables. Il en a été ainsi en France jusqu'en 1917 ; pendant la guerre, la notion du danger ayant évolué, on s'est montré plus tolérant et on a permis aux bateaux-citernes de garder leurs chaudières allumées. L'expérience ayant sanctionné cette pratique, le remarquable libéralisme dont l'administration fait preuve, s'est maintenu jusqu'à ce jour.

cubes, sont très généralement constitués en entrepôt réel spécial[1]. Les avantages inhérents à cet entrepôt sont les suivants :

1° Le paiement des droits de douane est différé, ce qui évite l'immobilisation de capitaux importants ;

2° Les règlements reconnaissent le droit à un déchet de 1 $^0/_0$ dans les entrepôts du Nord et de 2 $^0/_0$ dans les entrepôts du Midi, les pertes par l'évaporation étant plus élevées dans ces derniers ;

3° Il est possible d'avitailler en fuel-oil les navires sans avoir à supporter aucun droit, et sans qu'il y ait à se plier aux formalités de l'admission temporaire ;

4° En cas d'incendie ou de rupture d'un réservoir, aucun droit ne serait exigé par la douane.

De l'entrepôt de douane au dépôt de vrac. — Les produits bruts, ou mi-bruts, logés à part, passent par l'usine exercée, complément indispensable de tout entrepôt de pétrole, et après traitement sont dédouanés et stockés dans des « bacs d'acquitté ».

Les produits raffinés sont, en dehors des quantités nécessitées par la consommation locale, expédiés au moyen de chalands-citernes ou de wagons-réservoirs vers les différents dépôts de vrac de l'intérieur.

La création de dépôts de vrac dans les principaux centres de consommation, bien que nécessitant des manutentions supplémentaires, l'emporte sur la méthode qui consisterait à effectuer le remplissage des emballages à la sortie de l'entrepôt et à envoyer directement à l'acheteur les bidons ou les caisses d'estagnons. Il est en effet beaucoup plus économique, ne serait-ce qu'à cause de la différence des tares[1], de faire voyager le pétrole en vrac plutôt que dans des emballages.

1. D'autres raisons s'y ajoutent : diminution du coulage (provenant des chocs subis par les bidons), moins grand nombre d'emballages à amortir, manutentions moins coûteuses.

C'est ce qui résulte de ce tableau :

Tableau comparatif des frais de transport, sur une distance de 200 kilomètres, d'un hectolitre de pétrole et d'essence, suivant le mode de conditionnement.

PRODUITS TRANSPORTÉS	MODE DE CONDITIONNEMENT		
	En caisses de 10 estagnons de 5 litres (*par wagon complet de 8.000 kilogrammes*).	En bidons de 50 litres (*par wagon complet de 8.000 kilogrammes*).	En WAGON-CITERNE
	francs	francs	francs
Pétrole	8,52	6,46	4,23
Essence	9,88	7,42	5,02

Ces prix de transport comprennent le retour à vide des caisses, bidons et wagons-citernes.

Aussi les importateurs de pétrole ont-ils construit un grand nombre de dépôts de vrac, dont la liste va chaque annés s'allongeant. La plupart, comme le montre notre carte schématique, sont situés sur le bord de rivières navigables ou de canaux et peuvent être ravitaillés par chalands fluviaux. Ceux que ne dessert aucune voie d'eau sont alimentés au moyen de wagons-citernes.

Wagons-citernes, aussi bien que chalands et remorqueurs sont, nous l'avons dit, la propriété des sociétés distributrices. Environ 800 wagons-citernes, affectés au transport des huiles minérales, circulent sur les différents réseaux français. Quant aux chalands, leur nombre s'élevait à la fin de 1922 à plus de 70, représentant près de 26.000 tonnes de portée en lourd.

On sait qu'on pratique couramment en Amérique le refoulement du pétrole sur des conduites de grande longueur : une société, constituée à cet effet, a, en 1920, tenté de d'implanter en France cette méthode de transport. Chacun a encore présent à la mémoire le souvenir de la pipe-line qui, partant du Havre, devait déverser sur la région parisienne des flots de carburants liquides [1]. Ce projet, bien fait par son ampleur et son cachet américain pour impressionner les foules, fut condamné dès le premier jour par les techniciens tant soit peu avertis. Cette entreprise puérilement ambitieuse ne vécut que sur le papier [2].

Du dépôt de vrac au dépôt de colis conditionnés, au détaillant et au consommateur. — Le dépôt de vrac est doublé d'une installation pour le remplissage des bidons de 50 litres et des estagnons de 5 litres : il satisfait naturellement aux besoins locaux, mais son rôle essentiel est d'alimenter soit par fer (en wagons complets), soit par eau, les sous-dépôts en colis conditionnés.

Les sous-dépôts, à leur tour, livrent par camions aux grossistes ou aux détaillants de la ville, ou réexpédient par chemin de fer aux clients plus éloignés.

Enfin, dernier échelon, le détaillant qui sera tantôt l'épicier, tantôt le marchand de couleurs, tantôt le garagiste, vend le pétrole ou l'essence [3], le plus généralement dans des estagnons

1. Le décret qui déclarait d'intérêt public l'établissement de cette conduite, et approuvait la convention passée entre le Ministre des Travaux publics et la Compagnie concessionnaire, parut au *Journal Officiel* du 28 juillet 1920. L'exécution des travaux devait coûter 10 millions de dollars et être terminée en juillet 1921. La pipe-line, qui devait être double, empruntait la route nationale et passait par Bolbec, Yvetot Barentin, Rouen et Pontoise. On ne sut jamais exactement le genre de produit au transport duquel la conduite était réservée.

2. Pour qu'une pareille entreprise soit viable, il faut la réunion de trois conditions : 1° disposer à la station de départ d'une quantité suffisante de pétrole pour alimenter régulièrement la conduite (rien que pour *remplir* les deux tuyaux de 250 millimètres de diamètre, d'une longueur égale à celle qu'aurait eue la pipe-line du Havre à Paris, il ne faut pas moins que le chargement de deux gros bateaux-citernes) ; 2° trouver au terminus de la pipe-line un débouché suffisant : 3° la pipe-line doit permettre de réaliser une économie sur les autres modes de transport. — Même en supposant remplies les deux conditions préjudicielles 1° et 2°, il ne faut pas oublier que la conduite projetée était parallèle à la Seine : s'il est possible à une pipe-line de concurrencer une ligne de chemin de fer, c'est une hérésie économique que de vouloir lui faire doubler une voie d'eau aussi excellente que la Seine.

3. L'arrêté du 10 octobre 1919 (*Journal Officiel* des 14 et 24 octobre 1919), cor-

en fer-blanc d'une contenance de 5 litres, ornés des étiquettes aux marques familières à tous.

La distribution au consommateur de l'essence en vrac. — Si la construction d'une pipe-line a complètement échoué,

rigé par le décret du 10 mars 1920, fixait quatre catégories d'essences (aviation moyenne, extra-aviation, tourisme, poids-lourds) mises à la disposition du tourisme et en spécifiait les caractéristiques. Ces dispositions ont été abrogées par l'arrêté du 10 octobre 1921. (*Journal Officiel* du 21 octobre 1921). Les appellations « tourisme » et « poids-lourds », ayant conquis droit de cité, continuent cependant, quoique dénuées de toute valeur officielle, à être utilisées par toutes les sociétés de distribution.

Afin de remédier aux abus qui peuvent résulter de l'emploi frauduleux de l'appellation « essence légère » ou « essence tourisme », M. Antoine Borrel, député, ancien sous-secrétaire d'État aux Forces hydrauliques, vient de déposer à la Chambre des Députés une proposition de loi. Cette proposition de loi, annexe au procès-verbal de la 2e séance du 18 janvier 1921 (Chambre, n° 5451), contient les dispositions suivantes :

« Article premier. — Le poids spécifique de l'essence et du benzol sera indiqué de façon apparente sur les récipients qui les contiennent. La composition du carburant national sera indiquée de même façon.

« Art. 2. — Pour les carburants débités par pompe ou tout autre appareil, les indications de poids et de composition seront reproduites sur les pancartes indiquant le prix de vente ».

Très louable dans son intention, la proposition de loi de M. Borrel est d'une réalisation pratique difficile : la densité constitue certes une spécification intéressante d'une essence, mais elle est loin d'être la plus importante. Supposons en effet un produit composé de trois quarts d'essence 0.680 et d'un quart de pétrole lampant 0,810, il aura un poids spécifique de 0,710, mais n'en sera pas moins un détestable carburant.

La qualité d'une essence dépend avant toutes choses de son fractionnement, c'est-à-dire des différents pourcentages qui *passent* aux températures successives auxquelles l'on porte l'échantillon soumis à la distillation : plus l'essence est homogène, moins grand est l'écart de température entre le début et la fin de la distillation, et meilleur sera son rendement dans les moteurs.

D'un autre côté, les essences des différentes provenances ne sont pas toutes constituées des mêmes séries d'hydrocarbures : les essences de Bornéo, par exemple, en raison de leur forte teneur en carbures aromatiques ont une densité élevée, qui n'est pas exclusive d'un excellent rendement, bien au contraire. En Angleterre où, à ce point de vue, l'éducation du public est mieux faite que chez nous, la compagnie Shell-Mex vend de l'essence n° 3 (correspondant à notre « poids-lourds ») pesant 0,740 et de l'essence n° 1 (équivalent de notre « tourisme »), extraite du brut de Bornéo et pesant 0,760.

Mais peut-on exiger des sociétés distributrices de joindre une courbe de distillation à chacun de leurs bidons et peut-on attendre de l'automobiliste une attention et une compétence suffisantes pour interpréter ce document? Evidemment non. A défaut d'une garantie légale, difficilement réalisable, la garantie offerte par des marques sérieuses nous paraît être, en fait, la sauvegarde la plus sûre du consommateur.

une autre innovation américaine [1], relative non plus au transport mais à la distribution, a rencontré en France un succès plus justifié; les pompes mesureuses d'essence, dont les premières ont été installées à Paris en 1920, ont tout de suite rencontré la faveur des automobilistes et surtout des camionneurs; leur éclosion rapide le long des routes témoigne du besoin auquel elles répondaient.

Les pompes représentent pour le consommateur un progrès considérable sur la vente par petits bidons : perfectionnement technique par la facilité et la rapidité avec lesquelles s'effectuent le remplissage des réservoirs d'automobiles [2], avantage économique par la réduction de prix qu'elles ont permis de réaliser [3]. Mais en cette matière, comme dans bien d'autres, il ne faut pas se laisser entraîner à des généralisations trop hâtives

1. Si ce mode de distribution de l'essence est pratiquement le seul en usage en Amérique, c'est à cause de l'extraordinaire densité des automobiles : au 1er janvier 1922, 10.448.000 automobiles et camions (soit 85 % du nombre total d'automobiles existant dans le monde entier) roulaient sur les routes des États-Unis. La production pour 1922 étant estimée à 2.300.000 voitures (en augmentation de 15 % sur l'année 1921), il y a donc au commencement de 1923 environ 12 millions d'automobiles en circulation, soit plus d'une voiture par dix habitants (en France, en 1922, environ une voiture par cent quarante habitants). D'après le programme de construction des maisons d'automobiles, il faut prévoir une nouvelle augmentation de 15 % pour 1923, de sorte qu'à la fin de cette année il y aura 13.800.000 automobiles aux États-Unis.

Même en Amérique, certaines stations de remplissage qu'on est obligé d'établir dans des districts à faible circulation, pour que les automobiles puissent se ravitailler partout, ne « payent » pas.

2. Toute médaille a son revers : la vogue presque universelle de la pompe distributrice aux États-Unis ne s'y est pas révélée sans inconvénients. Une enquête entreprise par l'Automobile Club de Louisville (Kentucky) tendrait à le démontrer : « Sur cinquante-neuf *stations* examinées au cours d'une inspection de quatre jours » — conclut cette enquête — « on en a trouvé quarante-six qui donnaient moins que la quantité indiquée, et le public se trouvait frustré d'environ 25.000 dollars par mois. Certains cas semblent avoir été particulièrement scandaleux. Sur 5 gallons, le manque maximum constaté a été de trois quarts de gallon. En résumé, quatre stations seulement distribuaient des quantités correctes, quarante-six donnaient moins que les quantités indiquées, neuf donnaient davantage. » (D'après *Oil News* du 7 octobre 1922).

3. Au-delà d'un certain débit, les frais représentés par l'amortissement de la pompe et l'immobilisation du capital sont plus que compensés par l'économie qui résulte de la libération du nombre d'emballages correspondants et par le coût moins élevé des livraisons en camions-citernes, par rapport au transport effectué à l'aide de camions ordinaires.

et prophétiser la disparition progressive des emballages: la pompe ne supplantera jamais complètement le bidon, si ce n'est dans les centres de très grande consommation. Les deux modes de distribution, correspondant à des situations et à des besoins différents, continueront longtemps à coexister. Ne vend-on pas concurremment de l'eau minérale en bouteille et en bonbonne? Le vin « au litre » n'a-t-il pas sa clientèle aussi bien que le vin en barrique?

La pompe mesureuse, reliée à un réservoir souterrain, constitue la réalisation complète de la distribution en vrac. Il existe aussi des petites pompes, simplement montées sur de gros fûts métalliques : solution bâtarde et qui n'aura qu'un temps. Avec ce système, qui conserve les défauts de la pompe mesureuse (absence de garanties quant à la quantité et à la qualité du produit vendu), on perd en effet une partie des deux principaux avantages inhérents à la distribution en vrac : diminution des risques d'incendie (avec la réduction corrélative des primes d'assurance) et suppression des emballages au transport et à l'entretien onéreux.

IV. — UN PORT PÉTROLIER D'IMPORTATION A 700 KILOMÈTRES DE LA MER : STRASBOURG

L'Alsace est destinée à jouer pour la France un rôle important dans son approvisionnement en pétroles : par Pechelbronn d'abord, avec sa production en pleine croissance, par Strasbourg ensuite, qui, malgré son éloignement de la côte — ou en raison même de cet éloignement — pourra devenir dans un avenir rapproché un port pétrolier de premier ordre [1]. Reliée par le Rhin aux ports de la mer du Nord, Strasbourg peut recevoir des chalands de 1.000 à 1.500 tonnes et ali-

1. Nous avons largement puisé pour la rédaction de ce paragraphe dans l'ouvrage si substantiel de M. Gaston Haelling : *Le Rhin politique, économique et commercial* (Paris, 1921).

menter en pétroles non seulement l'Alsace et la Lorraine, mais un plus vaste périmètre.

Les Allemands, avant la guerre, utilisaient déjà largement le Rhin pour transporter leurs pétroles depuis Anvers ou Rotterdam. En 1913, les importations faites par cette voie se sont élevées à 460.297 tonnes, dont 24.225 seulement pour Strasbourg. La plus grande partie des chalands était déchargée à Mannheim-Ludwigshafen ; les travaux en cours en vue de la régularisation du Rhin n'étaient pas encore complètement terminés, et d'un autre côté, Strasbourg, sous la domination allemande, barrée à l'ouest par la frontière française, à l'est par la Forêt Noire, disposait d'un hinterland relativement peu étendu.

Les travaux nécessaires ayant été accomplis sur le Rhin pour améliorer sa navigabilité, et la muraille artificielle qui isolait l'Alsace de la France ayant été abattue, tout l'intérêt se concentre sur la question du régime douanier : l'avenir de Strasbourg gravite aujourd'hui autour du problème de la surtaxe d'entrepôt. Ce problème est trop complexe pour que nous en abordions ici l'étude : il nous suffira d'exposer, pour ce qui a trait spécialement aux pétroles, en quoi consistent les règlements actuellement en vigueur.

Particularité digne de remarque, il existe pour Strasbourg une véritable dualité de régime douanier : le décret du 23 décembre 1919 et la convention conclue entre la France et la Belgique le 18 avril 1921 entremêlent leurs dispositions souvent contradictoires. En combinant les deux textes, on arrive pratiquement aux conclusions suivantes : les pétroles importés par Anvers et transportés sur le Rhin sont considérés comme arrivant en droiture du pays d'origine [1] ; l'importateur devra toutefois justifier, au moyen d'un certificat délivré par le bureau français d'Anvers, que la cargaison n'a fait l'objet d'aucun transbordement dans un port européen.

1. Les pétroles, que des nécessités de navigation obligeraient à un transbortement en cours de route, doivent être accompagnés d'un connaissement direct d'Anvers à Strasbourg.

Pour les pétroles transportés par wagons-citernes (*vià* Thionville), une autre condition est imposée : il faut qu'ils soient consommés dans les départements recouvrés, dont ils ne peuvent franchir la limite. Interdiction toute platonique : comment, à moins de tendre un second cordon douanier sur l'emplacement de l'ancienne frontière, faire respecter ce règlement ? La douane interprétant très libéralement ces différentes dispositions, le régime actuel fait en pratique d'Anvers, pour le pétrole, l'analogue d'un port français.

La France dispose actuellement de 3.500 tonnes de chalands-citernes [1] livrés par les Allemands, en reconnaissance des « besoins légitimes » de la France (art. 357 du traité de Versailles) et elle a passé commande de 6.000 autres tonnes, livrables au titre des réparations. Nous disposerons donc prochainement sur le Rhin de 9.500 tonnes de chalands-citernes. A raison de dix voyages par an, Strasbourg pourrait donc importer 95.000 tonnes de pétroles ; mais il ne faut pas tabler sur plus de 75.000 tonnes dans l'année, en raison des allègements qui sont parfois nécessaires : pendant trois ou quatre mois, à l'époque des basses eaux, les bateaux doivent rompre charge à Mannheim. Le traité de paix nous réserve le droit d'avoir un terrain de stockage à Ludwigshafen : des réservoirs ont été commandés aux Allemands, et seront bientôt montés. De Ludwigshafen, le pétrole pourra être réexpédié sur Strasbourg par fer ou par eau.

Il n'existe naturellement pas encore de cours de fret pour les pétroles ; par comparaison avec les taux pratiqués pour les céréales, on peut déduire que le transport d'une tonne de pétrole d'Anvers à Strasbourg reviendra de 20 à 30 francs.

En attendant l'aménagement du nouveau port, les installations pour la réception des pétroles sont concentrées autour du vieux port : elles comprennent les 2.000 tonnes de réservoirs de la maison *Diebolt* et les 4.600 tonnes, ex-propriété de la

1. Ces chalands viennent d'être loués par l'Office national de la Navigation à la Compagnie de Transports Rhénans.

Deutsche Amerikanische Petroleum-Gesellschaft, aujourd'hui entre les mains de la Société amodiataire de Pechelbronn. Le futur port pétrolier de Strasbourg est situé en aval du vieux port ; sa construction reviendra à 6 ou 7 millions de francs et, d'après les prévisions les plus optimistes, ne serait pas terminé avant 1925.

Une triple voie de pénétration relie ou reliera Strasbourg à la région de l'Est : le canal de la Marne au Rhin permet de ravitailler Nancy ; le canal du Rhône au Rhin [1] débouche sur Besançon. Enfin le chemin de fer transvosgien de Saales à Saint-Dié, qui sera livré à l'exploitation en 1925, coupera la barrière des Vosges entre Strasbourg et Épinal. Quand le port de Strasbourg aura parachevé son outillage, c'est donc au minimum cinq ou six départements qui, en plus de l'Alsace-Lorraine, pourront être approvisionnés plus économiquement, au départ de Strasbourg, que par les ports de la Manche ou de la Méditerranée.

V. — L'ÉTABLISSEMENT DES GRANDS TRUSTS EN FRANCE

Période antérieure à la guerre. — Avant la guerre, l'approvisionnement de la France en pétrole était assuré par un certain nombre de maisons purement françaises ; à côté d'elles, quelques filiales peu actives des grands trusts étrangers.

a) Sociétés françaises. — Les principales de ces sociétés sont bien connues, puisqu'elles ont été officiellement groupées par le Gouvernement pendant la guerre, en un consortium. On a souvent répété, au Parlement et dans la presse, que, par des accords, elles avaient, avant la guerre, réalisé un quasi-monopole. La vérité sur ce point est évidemment inaccessible

1. Il existe encore une section difficile du canal entre Mulhouse et Besançon : le canal peut déjà recevoir des chalands de 300 mètres cubes, mais seulement d'un enfoncement de 1m,20 (au lieu de 1m,80). Les travaux d'approfondissement qui sont en cours seront terminés d'ici deux ans.

au public ; certains faits ne semblent cependant pas confirmer une manière de voir aussi simpliste : le principal paraît bien être la création à diverses dates de sociétés nouvelles, Compagnie Industrielle des Pétroles, Georges Lesieur et ses fils, qui ont pu se faire au soleil des places fort respectables : la Compagnie Industrielle des Pétroles, en particulier, de création relativement récente, se classait quatrième sur la liste officielle du consortium. Il semble donc excessif de parler de monopole, lorsque la possibilité a été ainsi prouvée par les faits que des éléments nouveaux aient pu arriver à prendre dans le commerce français la part que méritait leur activité.

En tout cas, immédiatement avant la guerre, dix maisons importantes et entièrement françaises, en plus d'une série de firmes de taille plus modeste, vendaient concurremment leurs produits en France. Ces sociétés avaient su créer et mettre en œuvre une politique française du pétrole qui paraissait correspondre aux besoins et aux intérêts du pays. Elles avaient à résoudre le problème malaisé de conserver leur indépendance vis-à-vis de l'étranger, à qui cependant elles devaient acheter toute leur matière première. Elles y étaient arrivées en pratiquant, non sans art et sans une connaissance très avertie des marchés étrangers, une politique d'équilibre entre les trusts, évitant de s'approvisionner exclusivement chez un seul vendeur pour ne pas tomber sous sa domination, s'attachant à mettre constamment en concurrence les divers producteurs étrangers ; le public français étant ainsi ravitaillé avec régularité et aux conditions de prix les meilleures. En même temps, lorsque l'étranger a fait des tentatives énergiques pour s'implanter en France, ces maisons ont su faire l'oubli momentané de leur concurrence, et présenter un front défensif purement français. Elles ont ainsi réussi à empêcher le commerce national de passer entre les mains des groupements étrangers : la France s'était incontestablement mieux que tout autre pays d'Europe protégée contre l'étreinte tentaculaire de la Standard, alors le plus redoutable des grands trusts.

b) Sociétés étrangères. — La Standard et la Royal avaient cependant réussi à prendre pied en France, la première avec la Bedford Petroleum et la Vacuum Oil[1], la seconde avec l'Asiatic Petroleum.

Les raffineries, que ces trusts avaient construites ou dont ils s'étaient rendus acquéreurs dans divers ports de France, n'ont fonctionné qu'à de très rares intervalles. En créant en France des *têtes de pont*, la Standard et la Royal poursuivaient avant tout une politique d'intimidation, leurs installations constituant dans leurs mains, vis-à-vis des raffineurs français, une arme propre à les amener à composition.

Un danger plus direct, une concurrence plus redoutable avaient assailli les raffineurs français dans les années qui précédèrent immédiatement la guerre : la Société Fanto, filiale d'un groupe autrichien, inondait tout l'Est de la France de pétroles galiciens[2]. Une lutte acharnée de prix sévissait, à laquelle l'ouverture des hostilités vint naturellement mettre un terme.

Période postérieure à la guerre. — Vint la guerre et surgirent les difficultés qui, nous le verrons plus loin, aboutirent à l'intervention gouvernementale et à la création du consortium.

La guerre finie, une série de faits nouveaux venaient modifier profondément les conditions du commerce pétrolier. Cette fois les grands trusts venus en France à la suite des tractations directes avec les organes gouvernementaux pendant les hostilités, entendaient y rester. La Royal Dutch crée, le 7 juillet 1919, la Société Maritime des Pétroles et, le 25 août de la même année, la Société pour l'Exploitation des Pétroles. De

1. La Vacuum Oil est spécialisée dans les huiles de graissage.

2. La Galicie tentait de vendre le surplus de sa production à l'Allemagne, débouché naturel tout indiqué par sa situation géographique ; mais le marché allemand lui était chèrement disputé par la Standard, qui en avait toujours été la grande pourvoyeuse. Barrée par la Standard en Allemagne, la Galicie s'était rejetée sur la France.

son côté, la Standard fonde la Société l'Économique (par abréviation : Eco), pour la vente directe de l'essence aux consommateurs par pompes distributrices (1er mars 1920), la Compagnie Commerciale des Produits Pétrolifères (29 mars 1920), pour la vente des huiles combustibles, et la Standard Franco-Américaine (octobre 1920). Enfin l'Anglo-Persian constitue définitivement la Société Générale des Huiles de Pétrole (par abréviation : S. G. H. P.) le 12 janvier 1921.

Les différents trusts ne se sont pas établis *ex abrupto* en France : ils avaient su se ménager auparavant, dans la place, de précieuses intelligences. La création de leurs filiales s'est effectuée avec l'appui moral et, accessoirement, avec le concours financier de différents groupements français, plus spécialement de Banques. L'Union Parisienne et la Maison Bénard Frères sont les fermes soutiens de la Royal Dutch en France. La Standard, en liant partie avec la Banque de Paris et des Pays-Bas, l'établissement français le plus entreprenant, a voulu marquer sa volonté d'actif développement. Enfin l'Anglo-Persian a placé, à sa naissance, la S. G. H. P., sous les auspices de la Banque de la Seine, de la Banque Transatlantique et de la jadis florissante Société Navale de l'Ouest.

Trop d'ouvrages récents ont analysé ces sociétés nouvelles pour qu'il soit nécessaire d'y revenir en détail. Ce qu'il importe de faire ressortir, c'est que les conditions d'avant-guerre étaient changées du tout au tout, du moment que les grands trusts marquaient leur volonté arrêtée de s'établir par eux-mêmes en France et d'y poursuivre la lutte engagée entre eux sur le reste du globe.

Quelle pouvait être alors l'attitude des maisons françaises? Si elles avaient réussi à s'entendre entre elles, elles auraient peut-être pu lutter avec des chances de succès contre les groupes étrangers, tellement au-dessus d'elles comme ressources matérielles et financières. Encore eût-il fallu que les pouvoirs publics vissent clair et apportassent à l'élément français un appui nécessaire. Or toute leur expérience antérieure indiquait aux raffineurs français que, devant la première interpellation socialiste, Parlement et Gouvernement, pour ne pas se montrer indignes d'une étiquette vraiment *démocratique*, saisiraient le prétexte de toute action commune pour stigmatiser une coalition. En même temps, d'ailleurs, la législation douanière, en ruinant le raffinage français, empêchait désormais de profiter des possibilités plus larges offertes par le marché des bruts.

Devant le manque de confiance dans l'appui administratif et aussi en raison de la poursuite étroite des concurrences anciennes, aucune des maisons françaises, prise individuellement, n'avait l'espoir d'être suffisamment armée pour entrer dans un champ clos où bataillaient de si redoutables adversaires.

Une seule solution leur restait : se soumettre. Elles sont, sous des formes diverses, en train de le faire successivement. Les firmes Paix et Cie et Georges Lesieur et ses fils ont été absorbées plus ou moins complètement par la Société Générale des Huiles de Pétrole (Anglo-Persian). La Compagnie Industrielle des Pétroles a 45 % de son capital entre les mains du groupe Sinclair, dont l'affiliation à la Standard est peu douteuse. La Société anonyme Lille, Bonnières et Colombes, a passé avec l'Atlantic-Refining (groupe Standard) un contrat lui donnant le monopole exclusif de la vente de ses produits. Enfin 49 % des actions de la Compagnie Générale des Pétroles (Marseille) sont entre les mains de la Standard.

L'avenir dira si la liste est close et si les autres sociétés françaises ont cru pouvoir continuer à vivre sans s'assurer, parmi les grands trusts, un *patron* protecteur.

Quelle conclusion tirer, au point de vue français, de cette entrée des trusts dans un nombre si rapidement croissant de nos affaires de pétroles ? Mettons d'abord à part l'Anglo-Persian : on ne peut que déplorer de voir une partie du ravitaillement du pays entre les mains d'une société directement contrôlée par un gouvernement étranger, fût-ce le gouvernement anglais allié. Quant aux autres trusts, entreprises moins purement politiques, il est sans aucun doute regrettable qu'une partie des bénéfices prélevés sur le consommateur français sortent du pays; mais, d'autre part, les possibilités d'entente entre les grands groupes étrangers sont assez restreintes pour qu'on puisse imaginer que, dans un avenir prochain, la France restera le terrain de lutte intense qu'elle est actuellement pour eux : le consommateur français ne peut qu'en bénéficier, en régularité et en qualité de ravitaillement, aussi bien qu'en prix. C'est la seule fiche de consolation qu'on puisse trouver à l'inféodation progressive à l'étranger d'un commerce qui, il y a cinq ans, était encore exclusivement français.

CHAPITRE V

LES PRIX DU PÉTROLE ET DE L'ESSENCE EN FRANCE

A. — ÉLÉMENTS CONSTITUTIFS DES PRIX

Les prix du pétrole et de l'essence pratiqués sur le marché français sont la composante d'un certain nombre d'éléments, dont l'importance respective a considérablement varié au cours de ces dernières années et dont l'étude doit logiquement précéder celle des prix français.

La formule commerciale *cif* fournit déjà le nom des trois premiers éléments : le coût [1], l'assurance et le fret. Au prix *cif* s'ajoute le montant des droits et taxes perçus avant que la marchandise ne soit livrée à la consommation. Le prix de vente en gros comprend en outre les frais de transport, les frais généraux, les amortissements, etc., supportés par les sociétés distributrices et les bénéfices qu'elles réalisent. Faute de données numériques, nous nous contenterons de men-

1. Il y a parfois lieu de payer, en plus du prix d'achat, les droits auxquels, pour des raisons fiscales, certains pays soumettent l'exportation des pétroles. C'est le cas, par exemple, du Mexique, de la Roumanie et de la Pologne. Un droit a frappé quelque temps, à leur sortie, les pétroles des Indes Néerlandaises : sous la menace de réduire volontairement sa production, la Royal Dutch a obtenu récemment du Gouvernement hollandais que ce droit fût remplacé provisoirement par un impôt sur les bénéfices des Compagnies productrices. — Nous n'avons pas cru utile d'insister sur ces taxes, qui sont habituellement supportées par le vendeur et se fondent par conséquent dans le prix d'achat.

tionner ces derniers éléments, qui ne rentrent d'ailleurs que pour une part relativement faible dans l'établissement du prix de revient [1].

Comme nous effectuons nos achats actuels de pétrole en Amérique en échange de dollars et comme nous transportons ces pétroles sur des navires dont les frets sont cotés en shillings, le mouvement des prix est dominé par l'influence des changes. Rouage intermédiaire, le change multiplie les variations des prix américains ou anglais, aggravant ou atténuant — suivant que les deux variations concomitantes se produisent ou non dans le même sens — la hausse ou la baisse des cours exprimés en devises étrangères. Tout en tenant naturellement compte des changes[2] pour la confection de nos graphiques,

1. Nous n'avons pas cru non plus devoir consacrer un paragraphe spécial aux assurances maritimes, dont le taux ne diffère pas sensiblement, pour le pétrole, de celui des autres marchandises : ce taux est normalement, pour un voyage : Amérique du Nord — Port français de l'Atlantique, et avec une police renfermant la clause f. p. a., de 0,25 %.

Pendant toute la durée des hostilités, il a fallu couvrir aussi le risque de guerre.

Voici, grâce aux obligeantes communications du Comité central des Armateurs de France et du Comité des Assurances du Sous-Secrétariat d'État de la Marine marchande, quels ont été les taux moyens mensuels de l'assurance risque de guerre sur facultés depuis août 1914 (pour un voyage : New-York-Le Havre).

Taux des assurances risque de guerre sur facultés.
(Voyage New-York-Le Havre).

	1914	1915	1916	1917	1918
	%	%	%	%	%
Janvier	—	0,50	0,70	3,00	6,00
Février	—	1,00	0,75	3,50	5,50
Mars	—	»	0,90	4,00	»
Avril	—	1,50	1,25	4,50	5,00
Mai	—	1,25	1,50	5,00	4,50
Juin	—	»	»	»	4,00
Juillet	—	1,00	0,90	5,50	»
Août	1,25	»	1,00	6,00	3,80
Septembre	1,00	»	»	»	3,25
Octobre	»	»	1,50	»	»
Novembre	»	0,80	1,20	»	1,00
Décembre	1,50	0,60	2,00	»	—

2. Les changes moyens mensuels que nous avons utilisés ont été calculés, pour les premières années de la guerre, à l'aide des cours quotidiens que nous avait aimablement communiqués M. Henri Rhein.

nous n'avons accompagné leurs fluctuations d'aucun commentaire.

I. — PRIX D'ACHAT

LE PRIX DU PÉTROLE AUX ÉTATS-UNIS

La France s'adressant aux États-Unis pour l'achat de la plus grande partie de ses pétroles, les prix pratiqués en Amérique doivent nous intéresser au premier chef. Mais l'importance des prix américains est d'autant plus considérable qu'ils règlent les cours du pétrole dans tous les pays producteurs [1].

Parmi tous les pétroles bruts dont les cours sont cotés en Amérique, lequel choisir pour fixer notre étude? Nous avons pris comme référence le brut de Pensylvanie [2], parce que c'est le seul brut américain qui constitue un produit relativement bien défini ; il s'est maintenu à peu près semblable à lui-même pendant de longues périodes et permet, par conséquent, l'établissement de statistiques comparables entre elles. Le véritable étalon à adopter en raison de son influence sur les cours eût été un brut du Mid-Continent, mais la différence entre les divers bruts produits dans cette énorme étendue, et la variation rapide des divers champs de production inter-

1. Voir *supra*, page 25. — Influence n'implique pas nivellement : les marchés des différents pays producteurs gardent leur individualité propre et pratiquent, selon leur situation géographique et selon les conditions locales du commerce, des cours, normalement décalés, dans un sens ou dans l'autre, par rapport aux cours américains ; mais toute fluctuation importante en Amérique exerce sa répercussion de façon universelle.

2. L'habitude s'est d'ailleurs conservée... en Europe, de suivre avec une attention particulière les cours du *Pennsylvania crude*. Cet usage date de l'époque où la Pensylvanie, de berceau de l'industrie du pétrole, en était devenue le centre de gravité. Depuis la mise en exploitation des champs du Mid-Continent, la production de la Pensylvanie est reléguée au deuxième plan : elle ne représente plus que 2 % à peine de la production des États-Unis.

disent de suivre, sur un intervalle de plusieurs années, un type invariable d'huile.

Entre les prix des diverses espèces de bruts existe naturellement une certaine solidarité; cette solidarité est loin d'être absolue. Par quel phénomène est déterminé en effet le cours des bruts [1] ? Par la demande plus ou moins forte qui se manifeste sur les différents produits extraits de ces bruts. On conçoit donc aisément qu'une hausse des prix de l'essence n'influera aucunement sur le brut de Smackover, par exemple, qui est totalement dépourvu d'éléments légers. Dans l'hypothèse inverse, le brut de Smackover réagira beaucoup plus violemment qu'un brut léger du Mid-Continent à l'annonce d'une élévation des cours portant sur le fuel-oil.

Le pétrole brut [2] est toujours coté au baril [3] pris dans les réservoirs à la sortie des puits. Le prix *fob* s'obtient donc en ajoutant au cours coté les frais de transport par pipe-line, ou *transportation*, depuis le puits jusqu'au port de chargement le plus voisin : pour le pétrole de Pensylvanie, le taux de *transportation* est actuellement de $ 1.40 par baril.

Pour les produits raffinés (pétrole lampant et essence), New-York constitue le grand marché d'exportation vers les pays européens. C'est à New-York que se traitent les affaires, mais la plus grande partie des produits allant en Europe partent, depuis la guerre, du « Golfe » (c'est-à-dire de la région baignée par le golfe du Mexique, voisine de l'embouchure du Mississipi). Les cours du Golfe sont généralement inférieurs

1. Nous faisons naturellement abstraction de l'influence perturbatrice exercée par la Standard sur le libre jeu des lois économiques : c'est un facteur important, mais qui échappe à l'observateur.

2. Les journaux américains publient parfois les cours du brut de Pensylvanie sous la dénomination de *credit-balance*. Cette expression désigne le certificat négociable, que la Compagnie de transport par pipe-line remet au producteur en échange de la quantité d'huile brute qu'elle prend en charge, et qu'elle doit restituer, au point terminus de la conduite, au dernier porteur du certificat. Le système du *credit-balance* ne fonctionne qu'en Pensylvanie, État de petits producteurs, qui manquent de fonds de roulement et ont besoin de transformer immédiatement leur production en argent liquide.

3. 1 baril = 42 gallons américains = 158 961 litres.

aux cours pratiqués à New-York, la différence représentant le supplément du fret que l'acheteur européen doit supporter par suite de l'éloignement plus grand des ports de chargement; ils ne font d'ailleurs pas l'objet de cotations officielles.

Les prix des produits raffinés sont donnés en cents par gallon[1].

VARIATIONS DES PRIX DU PÉTROLE EN AMÉRIQUE

Nous avons vu qu'il existait en Amérique deux espèces de prix : les prix résultant des transactions réellement effectuées et les cours « affichés » par la Standard[2]. Ce sont ces derniers que nous avons dû adopter, puisque ce sont les seuls dont les journaux assurent la publication : entre les deux espèces de cours, l'écart est d'ailleurs souvent assez considérable (par exemple 1 cent ou 1 cent et demi pour l'essence, soit 10 $^0/_0$ environ).

Les variations des prix des produits raffinés, loin de concorder de façon absolue (surtout pour ce qui est de l'essence), avec celles du pétrole brut[3], affectent cependant une marche *à peu près* parallèle, ce qui nous autorisera, dans cette rapide esquisse, à en faire conjointement l'étude.

1. 1 gallon américain = 3,784 796 litres. Il ne faut pas confondre le gallon américain avec le gallon anglais ou *imperial gallon* qui vaut 4,533 458 litres.

2. Voir *supra*, page 24.

3. Les cours du pétrole brut sont régis par les cours des produits qui en sont extraits, mais le rapport existant entre la valeur d'un pétrole brut et la valeur de l'essence par exemple, à deux époques différentes, n'est pas toujours constant. En dehors de la question de la demande et des stocks, le raffineur peut vouloir appliquer le bénéfice exceptionnel qu'il retire de la vente d'un produit extrait du pétrole brut à dégrever un autre produit. C'est en partie grâce à la cherté du fuel-oil, dont la vente était devenue très lucrative, que l'essence n'a pas atteint en 1920 une hausse comparable à celle des huiles brutes. Nous aurons ainsi donné une idée de la complexité qui règne dans la formation des prix américains.

Nous avons relevé les cours du pétrole brut et du pétrole raffiné dans des circulaires de Messrs. Wallace, Muller et C°, Ltd., dans le *Petroleum Times* et dans le *Journal of Commerce of New-York*. Quant aux prix de l'essence, nous les devons à l'extrême obligeance de M. Boris Aslan-Finaly, de la Standard Franco-Américaine.

En ne retenant de l'histoire des prix du pétrole, dans ces douze dernières années, que les très grandes lignes, on peut distinguer six périodes bien déterminées[1] :

De 1911 au printemps de 1914: — C'est la pleine période d'essor de l'automobile en Amérique et en Europe. La demande, chaque jour croissante, d'essence porte les cours du pétrole brut (de Pensylvanie) de $ 1.30 le baril à $ 2.40 en avril 1914. Le pétrole raffiné (Standard-white) passe de 4 à 5 cents le gallon.

Depuis Avril 1914 jusqu'en Mars 1915. — L'exploitation intensive des prolifiques gisements de Cushing (Oklahoma) entraîne sur tout le marché des huiles brutes une baisse considérable. A cette cause essentielle de dépression s'ajoute, dans une certaine mesure, la perturbation économique à laquelle a donné naissance la conflagration européenne. Le pétrole brut redescend à $ 1.45, le raffiné à 4 cents; l'essence (64° Baumé) se maintient autour de 11 cents le gallon.

Depuis Mars 1915 jusqu'en Janvier 1920. — Au cours de cette période, l'avance des prix est presque ininterrompue : les besoins grandissants des belligérants stimulent alors puissamment l'industrie du pétrole. Le mouvement de hausse se fût même accentué beaucoup plus en 1918 et en 1919, si une entente intervenue entre le Gouvernement américain et les sociétés pétrolières n'avait eu pour objet de stabiliser les cours. A la fin de 1920, le pétrole brut, le pétrole raffiné et l'essence atteignent respectivement les cours de $ 4.50, 11 cents 75, et 23 cents.

Année 1920. — La disparition du contrôle gouvernemental lève l'obstacle légal qui s'opposait à la hausse des cours. Obéissant à leur tour à l'universelle inflation des prix, le pétrole

1. J.-E. Pogue, *Economics of Petroleum*, New-York, 1921.

COURS DU PÉTROLE BRUT DE PENSYLVANIE ($ par baril)

COURS DU PÉTROLE LAMPANT (cents par gallon)

(New-York Export Market, posted prices)

de 1910 à 1922

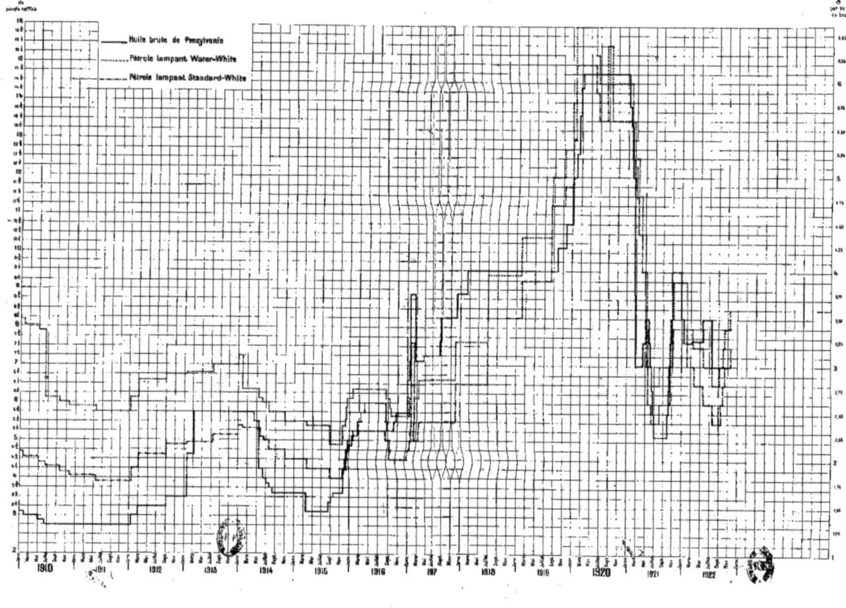

COURS DE L'ESSENCE EN AMÉRIQUE

(New-York Export Market, posted prices)

de 1914 à 1922

N.-B. — De Mai 1917 à Mai 1918, l'essence pour l'exportation n'a pas fait l'objet de cotation.

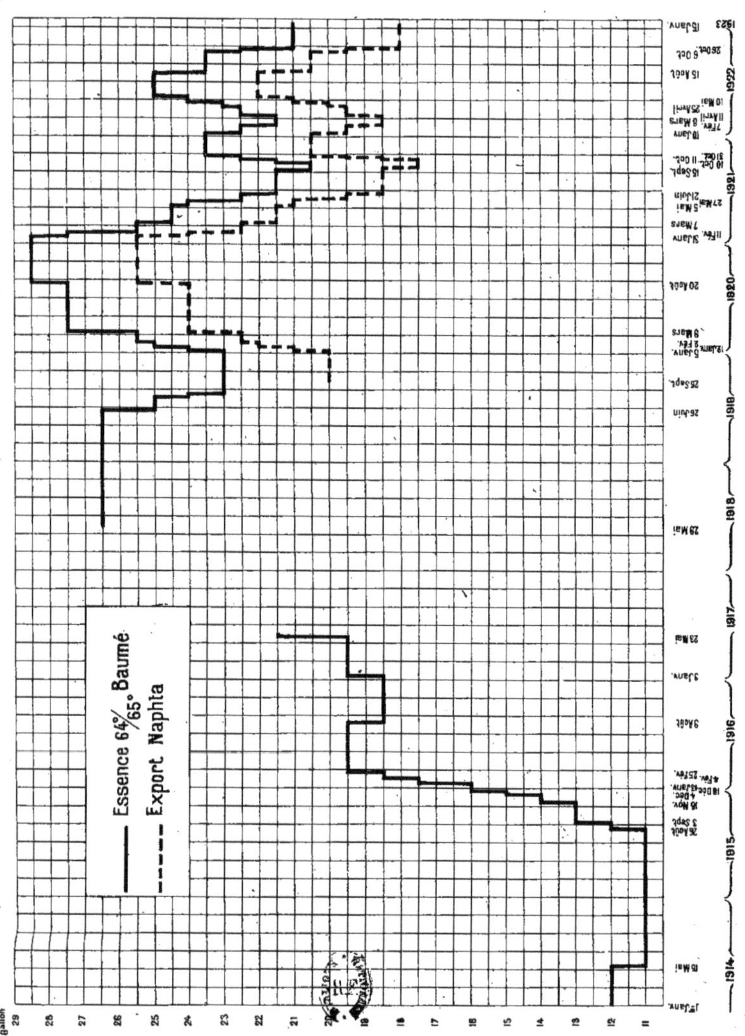

brut et les produits raffinés enregistrent, dans le premier trimestre de 1920, une hausse sans précédent dans les annales du pétrole. Les cours maxima sont atteints pendant l'été 1920 (Pétrole brut: $ 6.10; pétrole raffiné: 14.50 cents; essence: 28,50 cents). Les cours se maintiennent à ce niveau élevé jusqu'aux premiers jours de 1921.

De Janvier 1921 à Septembre 1921. — Le pétrole avait résisté plus longtemps que les autres marchandises à la « vague de baisse » qui balaya l'Amérique dans la deuxième moitié de 1920, mais à partir du 12 janvier 1921, les intérêts puissants qui avaient jusqu'alors maintenu les cours à des taux artificiels doivent céder, et en quelques mois les cours du pétrole brut se compriment de $6.10 à $2.25, ceux du pétrole raffiné de 14.50 cents à 6.50 cents. L'essence, plus résistante, ne tombe pas au-dessous de 20.50 cents.

Depuis Octobre 1921 jusqu'à Février 1923. — A ces temps troublés, succède une période d'équilibre relatif; les cours ne sont pas à proprement parler uniformes, mais ils oscillent entre des limites beaucoup plus rapprochées [1].

Cette période de stabilité relative, sous les auspices de laquelle s'ouvre l'année 1923, est-elle durable? Un nouveau mouvement des cours est-il en perspective et dans quel sens se produira-t-il? Nous ne prétendons pas le prévoir? Il y a toujours quelque imprudence à vouloir vaticiner en matière économique ; le danger est particulièrement grand quand on se trouve, comme en l'espèce, en présence de phénomènes, dont la complexité déjoue toute tentative de raisonnement.

Voici cependant ce que l'on peut déduire de la lecture des

1. Depuis l'impression de nos graphiques, il s'est produit différents changements de cours : le pétrole brut a passé à $ 3.25 le 30 décembre 1922, à $ 3.35 le 16 janvier 1923, à $ 3.45 le 18 janvier, à $ 3.55 le 29 janvier, à $ 3.65 le 1er février et à $ 3.75 le 9 février. — Le pétrole raffiné est descendu le 20 décembre 1922 à 8 cents (water-white) et à 7 cents (standard-white). — L'essence a subi une hausse d'un cent le 4 février 1923.

journaux américains les plus récents (fin janvier 1922) : il est possible que le pétrole lampant enregistre encore des cours légèrement inférieurs aux cours actuels (7 cents le standard-white, 8 cents le water-white), mais l'essence (21 cents, qualité 64° Baumé) aurait atteint la limite extrême de baisse et ses cours ne peuvent que s'affermir dans un avenir prochain : par suite de la hausse du gas-oil, certaines installations de *cracking* ont cessé d'être rémunératrices et, de l'arrêt de leur fonctionnement, il résultera une diminution de la production de l'essence.

II. — LE FRET

CARACTÈRES SPÉCIAUX AU FRET PÉTROLIER

Les pétroles importés en France, provenant pour la plus grande partie de pays situés outre-mer, doivent nécessairement payer un fret maritime.

Par la nature très spéciale des bateaux affectés au transport des huiles minérales, le fret pétrolier revêt, par rapport au fret ordinaire, des caractères assez particuliers :

1° Il est normalement plus cher : d'une part, le tank-steamer, qu'il comporte ou non des réservoirs spéciaux, et que l'huile soit ou non transportée à même la coque, est de construction plus coûteuse qu'un cargo-boat, en raison du rivetage plus soigné que nécessitent les éléments de la coque et par suite des pompes et des tuyauteries qu'il faut monter à bord. La dépense annuelle nécessitée par l'amortissement se trouve donc plus élevée.

D'autre part, ne pouvant pas avoir de fret de retour, les bateaux-citernes se trouvent obligés d'effectuer un de leurs trajets sur lest.

2° Alors qu'un cargo-boat quelconque, habituellement affecté au transport des vins par exemple, pourra, le jour où les grains ou la laine seront plus demandés, modifier son trafic en conséquence, le tank-steamer, avec ses vastes réservoirs, se trouve irrémédiablement rivé au commerce du pétrole. Survienne une crise de sous-production ou d'infra-consommation des pétroles, les armateurs n'auront pas la ressource de rechercher un autre fret En revanche, si, à un moment donné, la demande mondiale d'huiles minérales devient plus forte, la concurrence reste limitée entre les bateaux-citernes déjà lancés et sans que les navires ordinaires puissent songer à profiter d'un taux de fret très rémunérateur, à moins de se soumettre à une transformation lente et coûteuse;

3° La flotte pétrolière n'est pas répartie entre de multiples armateurs ou Compagnies de Navigation, mais concentrée, pour la plus grande partie de ses unités, dans les mains des grands trusts. Ceux-ci assurent, au moyen de leurs propres bateaux, le transport de leurs produits. Le nombre de tankers pouvant faire l'objet d'affrètements se trouve de ce fait très diminué et le marché très étroit.

Il résulte de ces différentes remarques — et nous verrons que les faits confirment ce raisonnement *a priori*, — que le marché du fret pétrolier est particulièrement sensible aux influences de l'offre et de la demande et que les fluctuations qu'il subit doivent se distinguer par une amplitude très grande.

D'autres différences moins caractéristiques séparent encore le fret pétrolier du fret *marchandises générales*.

1° L'affrètement d'un tank-steamer, au lieu de porter sur une fraction plus ou moins importante du tonnage du navire, est toujours total;

2° Dans ces conditions, le fonctionnement de lignes régulières n'a pas de raison d'être et les bateaux-citernes qui sillonnent, au hasard des affrètements, telles ou telles mers du globe, méritent, au premier chef, la qualification de *tramps*.

Londres reste le principal marché d'affrètement des bateaux-citernes, bien que depuis la guerre les bateaux-citernes américains soient devenus beaucoup plus nombreux que les bateaux-citernes anglais ; mais la plupart des tankers battant pavillon étoilé étant affectés au trafic Mexique-Amérique du Nord, les navires anglais continuent à ravitailler la majeure partie de l'Europe en huiles minérales.

Le fret pétrolier se cote habituellement en shillings par tonne (tonne anglaise de 1.016 kilogrammes environ) chargée à bord [1].

Il diffère naturellement selon la longueur [2] des trajets à par-

1. C'est ce qui se passe dans le cas, le plus usuel d'ailleurs, des affrètements au voyage. S'il s'agit d'un affrètement au temps, le fret se calcule différemment. L'équation suivante permet d'opérer la conversion d'un mode de location à l'autre :

$$\text{taux au voyage} = \frac{\text{taux au temps}}{\text{nombre de voyage par mois}} \times \frac{\text{portée en lourd}}{\text{portée en huile}} + \frac{(\text{combustibles} + \text{frais de port} + \text{assurance risque de guerre, etc.})}{\text{portée en huile}}$$

En pratique, les cours en time-charter sont légèrement inférieurs au chiffre que fournirait la résolution de cette équation : les locations en time-charter couvrent généralement une période de temps plus étendue que les affrètements au voyage, et l'armateur préfère abandonner une partie de ses bénéfices plutôt que de courir l'aléa d'avoir son navire inoccupé. De la même formule découle que les bateaux-citernes à moteur, en raison de leur consommation plus faible de combustible, s'affrètent, au temps, à un taux plus élevé que les navires mus par la vapeur.

2. **Distance de Rouen à différents ports.**

Ports	Distance Milles marins	Durée approximative de la navigation (vit. 8 nœuds 1/2) Jours
Havre	56	
Douvres	170	
Dartmouth	206	
Falmouth	260	
Queenstown	428	
Cardiff	433	
La Tyne	457	
Gibraltar	1.221	6
Alger	1.631	8
Malte	2.213	11
Halifax	2.640	12
Boston	3.000	14 1/2
Constantinople	3.021	14 1/2
Port-Saïd	3.151	15 1/2
New-York	3.180	15 1/2
Constantza	3.216	15 1/2
Suez	3.238	18
Philadelphie	3.330	16
Novorossisk	3.482	17

Ports	Distance Milles marins	Durée approximative de la navigation (vit. 8 nœuds 1/2) Jours
Baltimore	3.490	17
Batoum	3.604	17 1/2
Newport News, *Hampton Roads* (*États-Unis*)	3.620	17 1/2
Trinité	3.961	19
Port-Arthur, *Sabine-Texas* (*Golfe du Mexique*)	4.830	23
Tuxpan (*Mexique*)	4.960	23
Puerto-Mexico (*Mexique*)	4.972	24
Tampico (*Mexique*)	5.000	24
Abadan (*Perse*)	6.556	30
Penang, *Soe-Soe*, *Aroe Bay* (*Sumatra*)	7.873	41
Singapore	8.201	42
Palembang, *Bagoes Koening*, *Pladjoe* (*Sumatra*)	8.751	44
Balek Papan (*Bornéo*)	9.307	47

Le tableau ci-dessus indique la distance qui sépare Rouen des princi-

courir; il est également fonction de la nature du produit transporté : les chartes-parties prévoient parfois, par rapport au pétrole raffiné, un supplément en cas d'un chargement d'essence. Ce n'est pas, comme on pourrait l'imaginer, à cause du danger spécial que présente, au point de vue de l'incendie, un produit éminemment inflammable, mais parce que, en raison de la densité plus faible de l'essence, les réservoirs se trouvent complètement remplis avant que le poids de la cargaison ne corresponde à la portée totale en lourd du navire[1].

D'autres considérations jouent encore dans la détermination d'un taux de fret :

Voyages consécutifs, assurant à l'armateur l'utilisation prolongée de son navire ;

Droits de péage exceptionnels, perçus, par exemple, pour la traversée du canal de Suez[2], sur les bateaux faisant le trafic avec les Indes ou la Perse ;

Dimensions du navire : les bateaux de fort tonnage coûtant proportionnellement moins à exploiter et ne pouvant pas pénétrer dans tous les ports ;

Saisons : les armateurs préférant, pendant l'hiver, époque des tempêtes, faire naviguer leurs navires sur les mers plus calmes du Sud ;

Pluralité des ports de chargement ou de déchargement, etc.

paux ports de chargement et d'escale, ainsi que la durée de la navigation entre Rouen et ces différents ports, pour un bateau filant une moyenne de 8 nœuds et demi à l'heure (on remarquera le retard que fait subir aux navires la traversée du canal de Suez).

1. Les bateaux-citernes de construction moderne sont tous munis de *summer-tanks* qui leur permettent — comme leur nom l'indique — de transporter pendant la belle saison, lorsque la ligne de flottaison est basée sur le franc bord d'été, une plus lourde cargaison. En remplissant ces mêmes *summer-tanks*, on arrive à compenser le déficit en poids résultant de la faible densité de l'essence.

2. Les droits de transit du canal de Suez ont été réduits le 1er octobre 1920 à 8 francs par tonne pour les navires chargés, et à 5 fr. 50 pour les navires sur lest. A partir du 1er mars 1923, chacun de ces droits sera diminué de 0 fr. 25.

FLUCTUATIONS DES COURS DES FRETS

Tenant compte de ces diverses observations, et afin de pouvoir suivre, au cours de ces dernières années, les fluctuations du taux de fret pétrolier, nous avons adopté — pour la confection de notre graphique[1] — comme unité fixe, la tonne de pétrole raffiné, transportée sur un tank-steamer de tonnage moyen (6 à 7.000 tonnes de portée en lourd), affrété pour un seul voyage, depuis un port de l'Atlantique Nord-Américain, jusqu'à un port français de l'Atlantique ou de la Manche[2].

Dans les années qui précèdent la guerre, les frets n'enregistrent point d'oscillations brusques, et leur moyenne approche d'une trentaine de shillings. On note cependant, en avril 1910, le cours, record de baisse de 10 shillings; le cours le plus haut est atteint, en novembre 1912, avec 70 shillings pour retomber, à la veille des hostilités, à 14 shillings.

La guerre apporte un trouble profond dans le marché des frets. Dès les premiers jours de la mobilisation, la France et l'Angleterre réquisitionnent les bateaux-citernes battant leur pavillon respectif; seuls désormais, les tank-steamers de nationalité neutre peuvent faire l'objet de transactions privées.

1. Nous sommes redevables d'une partie des éléments du graphique à la courtoisie de deux firmes anglaises, spécialisées dans le courtage des bateaux-citernes : Messrs. Davies and Newman, Limited et Messrs. John I. Jacob, Limited.

2. En supposant que ce taux de fret égale 100, on obtiendrait *grosso modo*, en période normale, les nombres-indices suivants pour d'autres voyages:

Golfe du Mexique. — Port français de l'Atlantique, été	125
— — — hiver	115
Atlantique-Nord-Américain. — Port français de la Méditerranée	120
Golfe du Mexique. — —	140
Mer Noire. — Port français de l'Atlantique	100
Indes Néerlandaises. — Port français de l'Atlantique, été	220
— — — hiver	200
Dantzig. — — été	50
— — — hiver	66
Golfe Persique. — Port français de la Méditerranée	140
— — de l'Atlantique	160
Trinité. — Port français de l'Atlantique	114
Bornéo. — Port français de la Méditerranée	187
Constantza. — Port français de la Méditerranée	70

COURS DES FRETS PÉTROLIERS DE 1907 A 1922

(En shillings par tonne anglaise)

Voyage Port Nord-Américain à Port français de l'Atlantique.

(Bateau de 7 à 8.000 tonnes de portée en lourd. — Chargement en pétrole raffiné.)

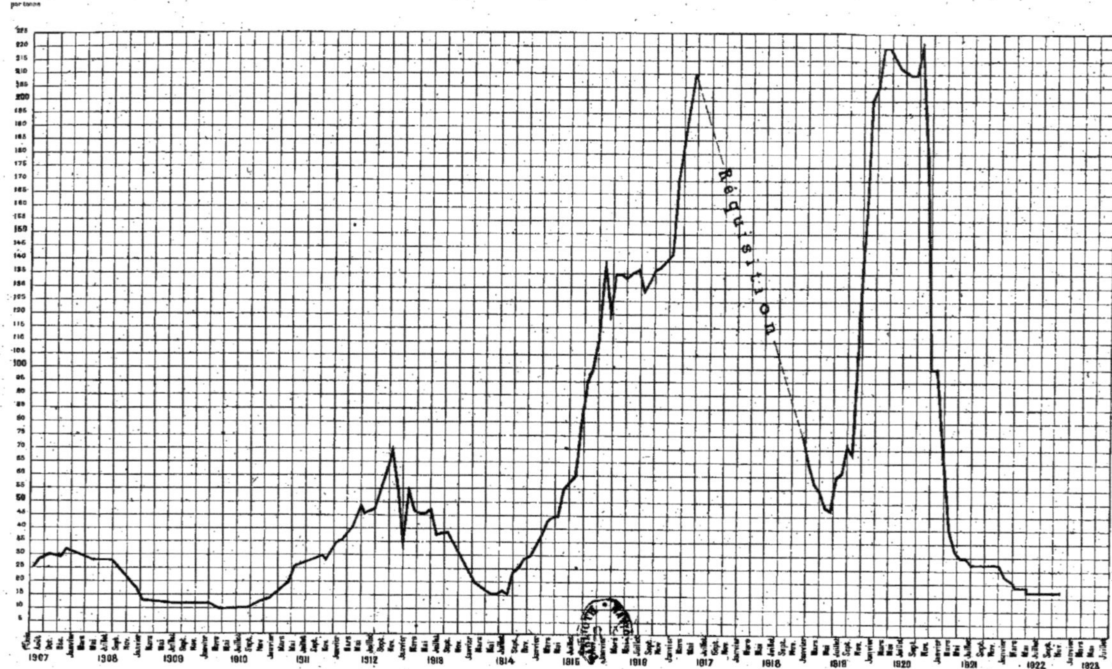

Les sous-marins allemands ne tardent pas à exercer leurs ravages dans les rangs des flottes-citernes : de ce fait, les primes d'assurance risque de guerre sur corps[1] montent à des taux inouïs[2].

Les armateurs voient leurs frais d'exploitation augmenter d'autant plus que la navigation par convois, si elle accroît la sécurité, diminue considérablement le nombre des voyages[3].

Ces différentes raisons conjuguées impressionnent le fret qui atteint, en avril 1917, le taux de 210 shillings. A cette époque, il devient impossible de trouver une cotation. L'Amérique, seule puissance avec l'Angleterre à posséder une flotte-citerne de quelque importance, vient de déclarer la guerre à l'Allemagne et réquisitionne à son tour ses bateaux-citernes.

Il faut attendre les mois qui suivent l'armistice pour voir s'établir à nouveau un marché des frets pétroliers. — L'Amirauté britannique, le Shipping Board américain et plus tard l'État français, abandonnent au commerce libre les bateaux-citernes réquisitionnés, et dont ils n'ont plus l'utilisation depuis que les besoins immenses des intendances alliées en essence et en huiles lourdes sont brusquement réduits. En même temps, les primes d'assurance risque de guerre sur corps qui grevaient lourdement l'exploitation des navires, sont redescendues à un taux plus modeste puisqu'il ne s'agit plus que de couvrir le risque — bien faible à côté de celui de la menace sous-marine — des mines flottantes. Les premiers mois

1. Les primes d'assurance risque de guerre sur corps sont à la charge de l'armateur dans le cas d'affrètement au voyage, et à la charge de l'affréteur dans le cas d'affrètement au temps.

2. On peut, à titre d'indication, consulter pour les taux d'assurance risque de guerre sur corps, le tableau que nous avons donné (page 90), des taux d'assurances risque de guerre sur facultés, mais à condition de multiplier tous les chiffres par 2, puisque la cargaison, à la différence des bateaux, n'effectue que le voyage aller.

3. De quarante jours, durée normale des voyages aller et retour de New-York au Havre, le système des convois élève cette durée à plus de soixante-dix jours.

de l'année 1919 voient donc les cours fléchir de 75 shillings à 47 shillings. Cependant le mois de juillet marque le point de départ d'une nouvelle hausse, qui se poursuit sans interruption pendant un an et porte les frets jusqu'à 220 shillings. On se trouve alors en plein cœur de cette période de prospérité trompeuse et fugitive qui exalta la consommation.

Les premiers symptômes de la crise économique, qui sévit encore aujourd'hui, se manifestent en Amérique et en Europe dès le mois d'avril 1920; mais les frets pétroliers résistèrent longtemps à cette crise et n'en subissent la répercussion qu'à partir de novembre.

La chute des cours est d'autant plus rapide qu'à cette cause générale vinrent s'en ajouter d'autres spéciales : attirés par des taux de fret éminemment rémunérateurs, Sociétés intéressées dans le commerce des pétroles, aussi bien que Compagnies de Navigation maritime avaient passé commande dans tous les chantiers du monde de nombreux bateaux-citernes. Par ailleurs, comme la chute des frets ordinaires avait précédé de quelques mois celle des frets pétroliers, certains armateurs avaient jugé avantageux d'aménager leurs cargos en vue du transport des huiles en vrac. Le marché se trouvait ainsi encombré, non seulement des bateaux-citernes nouvellement lancés, mais aussi de tous les navires transformés ; une offre plus forte se produisait donc au moment même où la demande faiblissait.

La conséquence naturelle de cette situation ne devait pas tarder à se manifester; dès janvier 1921, les cours du fret sont ramenés à 100 shillings; la dégression se poursuit sans arrêt jusqu'en avril 1922, mois au cours duquel on note des affrètements à 18 shillings. Depuis juin 1922, les cours se maintiennent aux environs de 17 shillings.

Les frets ordinaires ont payé aussi un large tribut au mouvement de baisse qui a pris naissance au cours de l'année 1920; mais tombant de moins haut que les frets pétroliers, leur chute a été moins brutale; c'est ce qui résulte très nettement d'une comparaison entre les nombres-indices des deux espèces de frets :

Nombres-indices des frets.

Moyenne de 1920 = 100.0

		Fret ordinaire [1]	Fret pétrolier			Fret ordinaire [1]	Fret pétrolier
Janvier	1921	46,3	49,6	Janvier	1922	33,0	12,4
Février	—	38,0	37,2	Février	—	33,6	10,9
Mars	—	37,5	29,8	Mars	—	33,3	9,9
Avril	—	39,5	19,9	Avril	—	31,0	8,9
Mai	—	39,4	16,1	Mai	—	32,5	»
Juin	—	42,7	14,4	Juin	—	29,8	8,4
Juillet	—	43,0	»	Juillet	—	27,8	»
Août	—	40,2	»	Août	—	27,6	»
Septembre	—	34,4	13,7	Septembre	—	26,7	»
Octobre	—	30,8	»	Octobre	—	28,1	»
Novembre	—	29,9	»	Novembre	—	29,9	»
Décembre	—	33,3	»				

Il semble bien qu'on ait, avec les cours de fret actuels, touché le fond de la baisse ; les taux sont devenus désastreux pour les armateurs, dont certains trouvent intérêt à désarmer leurs navires. Seuls les bateaux à moteur, qui consomment trois fois moins de combustible qu'un navire marchant à la vapeur, procurent encore à leur propriétaire un maigre profit. Quant aux tank-steamers, même sans tenir compte de l'intérêt et de l'amortissement du capital engagé, leur exploitation ressort en général comme fortement déficitaire.

Assistera-t-on prochainement au dénouement de la crise qui frappe si durement les frets pétroliers ? Les perspectives immédiates sont rien moins qu'encourageantes, et s'il est permis d'espérer quelques améliorations passagères des cours, on n'envisage pas en général, dans les milieux autorisés, de vraie reprise avant un an ou deux au minimum.

1. D'après *The Statist*, 16 décembre 1922 (moyenne géométrique de 21 lignes de navigation).

III. — DROITS ET TAXES[1]

ÉNUMÉRATION DES DROITS ET TAXES

L'origine exotique des huiles minérales et leur très large consommation entraînent, au point de vue fiscal, un double corollaire : grande facilité dans la perception des taxes dont on voudrait les frapper — la Douane pouvant assurer cette perception — et rendement considérable de ces droits. Matière imposable par prédestination, le pétrole avait, bien longtemps déjà avant la guerre, retenu l'attention intéressée du fisc. Dans ces dernières années, une variété peu enviable de nouveaux impôts sont venus enserrer de leur réseau compliqué, les produits du pétrole. De ces différents droits et taxes, les uns sont spéciaux aux huiles minérales, les autres sont communs à la généralité des marchandises.

a) ***Droits spéciaux aux huiles minérales.*** — α) DROITS D'ENTRÉE. — La loi du 30 juin 1893, bien qu'ayant subi par la suite plusieurs importantes modifications, constitue encore aujourd'hui la charte du régime douanier des huiles minérales.

La loi de Finances du 31 mars 1903 (article 31) introduisit la première un changement au régime de la loi de 1893 en instituant sur les huiles de pétroles brutes une taxe, dite taxe de fabrication, de 1 fr. 25 par 100 kilogrammes (ou 1 franc par hectolitre), relèvement déguisé des droits d'entrée sur les bruts[2].

Une réforme plus récente de notre régime douanier résulte de la loi du 5 août 1919, dont le vote est dû à l'initiative et aux efforts persévérants de M. Henry Bérenger : les règle-

1. Ce paragraphe est menacé d'un bouleversement complet si, malgré l'avis défavorable émis par la commission des Finances de la Chambre, le projet de loi de M. de Lasteyrie, portant création d'un double décime sur la plupart des impôts en vigueur, venait à être inséré dans la loi de Finances de 1923. Tous les droits qui frappent les pétroles, à l'exception cependant de la surtaxe de péréquation, se trouveraient ainsi majorés de 20 %.

2. Voir *infra*, page 133.

ments antérieurs ne distinguaient pas entre les huiles de graissage et les résidus de la distillation, qu'une taxe de 9 francs aux 100 kilogrammes (au tarif minimum) atteignait uniformément. Étant donné la faible valeur marchande des résidus, le tarif se trouvait être prohibitif pour ces produits. Le législateur, très heureusement inspiré, a donc créé une classe supplémentaire, dotée d'un traitement de faveur, et comprenant les résidus destinés à la combustion, à l'alimentation des moteurs, ainsi qu'à la construction des routes[1]. Cette même loi de 1919 autorise, sous réserve de la surtaxe d'entrepôt, l'entrée en franchise des pétroles bruts introduits dans une usine soumise à l'exercice de la douane; les droits d'entrée ne sont perçus que sur chacun des différents produits extraits du brut, à leur sortie de l'usine exercée, et selon un tarif spécial[2].

Les coefficients de majoration des droits qui, dans ces dernières années, sont venus compenser, pour la plupart des marchandises, la diminution de la valeur d'achat de notre monnaie, n'ont pas épargné certains produits du pétrole. Le décret du 9 juin 1921 avait porté à 10 le coefficient de majoration relatif à la vaseline; reconnu exagérément élevé, de l'avis même des fabricants français, il a été réduit à 6 par le décret du 1er décembre 1922. Le coefficient 3 est applicable aux huiles de graissage (décret du 9 janvier 1922), ratifié par la loi du 31 janvier 1923. Quant à la paraffine, les droits qui la frappent, ont été également multipliés par le coefficient 3 (décret du 11 juin 1922).

En faisant abstraction du tarif spécial aux usines exercées,

1. Le décret du 30 août 1919 énumère les spécifications auxquelles doivent satisfaire les résidus pour bénéficier des droits réduits établis par la loi du 5 août 1919 : elles n'ont pas leur place dans ce travail. Signalons toutefois que certaines spécifications prévues pour le gas-oil (volume maximum distillant avant 275° C < 10 %) ont été reconnues trop étroites et de nature à gêner ou à empêcher l'importation des huiles américaines et galiciennes. Aussi une circulaire de l'Administration des Douanes, en date du 10 juin 1921, plusieurs fois prorogée (la dernière prorogation s'étend jusqu'au 30 juin 1923) admet-elle, à titre d'essai, une tolérance sur le volume distillant avant 275° C. Ce volume a été porté à 20 %, et on parle de l'élever jusqu'à 30 %.

2. Voir chapitre VI, l'Industrie du Raffinage.

les droits de douane dont sont passibles les différents produits du pétrole à leur entrée en France sont les suivants :

Tableau des droits de douane applicables au pétrole et à ses dérivés, importés directement de l'étranger.

PRODUITS	TARIF GÉNÉRAL	TARIF MINIMUM
1° Huiles brutes [1]	18 fr. les 100 kilos. + 1f,25 les 100 kg. de taxe de fabrication [2].	9 fr. les 100 kilos ou 7f,20 l'hectolitre. + 1f,25 les 100 kg. de taxe de fabrication [2].
2° Huiles raffinées et essences [1].	25 fr. les 100 kilos.	10 fr. l'hectolitre.
3° Huiles de graissage et résidus autres que ceux énumérés au paragraphe suivant [1]	12 fr. les 100 kilos (coefficient de majoration : 3) [3].	9 fr. les 100 kilos (coefficient de majoration : 3) [3].
4° Résidus destinés à l'alimentation des moteurs, à la construction, à la conservation et à l'entretien des routes [4].	0f,80 les 100 kilos.	0f,40 les 100 kilos.
5° Paraffine [1]	45 fr. les 100 kilos. (coefficient de majoration : 3) [5].	30 fr. les 100 kilos (coefficient de majoration : 3) [5].
6° Vaseline [1]	42 fr. les 100 kilos (coefficient de majoration : 6) [6].	28 fr. les 100 kilos (coefficient de majoration : 6) [6].

1. Loi du 30 juin 1893, article 1er.
2. Loi du 31 mars 1903, article 3.
3. Décret du 9 janvier 1922 (*Journal officiel* du 11 janvier 1922).
4. Loi du 5 août 1919.
5. Décret du 11 juin 1922 (*Journal officiel* du 1er juillet 1922).
6. Le coefficient porté à 10 par le décret du 9 juin 1921 (*Journal officiel* du 4 juillet 1921), a été ramené à 6 par le décret du 1er décembre 1922 (*Journal officiel* du 2 décembre 1922).

Un certain nombre de remarques sont nécessaires :

I. *Huiles minérales utilisées par la marine.* — Sont affranchies des droits de douane et autres, les huiles minérales utilisées à la sortie de bord ou d'entrepôt, comme carburants, sur les bateaux de la marine militaire ou marchande, même pour la navigation de cabotage et de plaisance, ainsi que pour la navigation effectuée dans les rades et fleuves jusqu'au dernier bureau de douane vers l'intérieur (loi du 30 juin 1893, article 2).

Cette disposition a perdu une partie de son intérêt depuis que les huiles combustibles ne sont — sauf le cas de surtaxe d'entrepôt — passibles que d'un droit en somme négligeable. Les chalutiers et les yachts de plaisance, qui sont munis d'un moteur à essence, bénéficient cependant encore de cette exonération, mais au prix de multiples formalités.

II. *Huiles brutes.* — Est considérée comme huile brute toute huile qui ne renferme pas plus de 90 % de produits lampants et qui n'est pas susceptible, dans l'état où elle est importée, de brûler dans les lampes d'un usage courant (Loi du 30 juin 1893, article 1er A).

Nous verrons par la suite [1] que des décrets, rendus en application de conventions internationales, ont assimilé aux pétroles bruts certains produits dénommés « distillats ».

L'importateur d'huile brute a la faculté, d'après la loi de 1893 (article 1er C), de déclarer sa marchandise, soit au volume, soit au poids.

III. *Produits raffinés.* — Est interdite l'importation de pétrole lampant dont le degré d'inflammabilité (autrement dit, la température à laquelle le pétrole émet des vapeurs susceptibles de prendre feu au contact d'une flamme) est inférieur à 35° (Loi du 30 juin 1893, article 1er D). Le pétrole lampant à trop faible « point-éclair » se classe donc parmi les marchandises prohibées à l'importation pour un motif de sécurité publique.

Bien que la loi de 1893 (article 1er E) prévoit pour les produits raffinés un tarif au poids (12 fr. 50 le quintal) et un tarif au volume (10 francs l'hectolitre), le tarif au poids n'est donné qu'à titre d'indication : le pétrole raffiné et l'essence doivent être (au tarif minimum) obligatoirement déclarés au volume. « La taxation au volume était destinée à favoriser les huiles russes. En effet 100 kilogrammes d'huile américaine de densité 0,800 correspondent à un volume de 125 litres, alors que

1. Voir *infra*, page 133.

100 kilogrammes d'huile russe de densité 0,835 ne représentent qu'un volume de 121,21 litres[1] ».

Un double tarif est prévu par la loi mais, dans la pratique, on n'est que très rarement amené à appliquer le tarif général, tous les pays à production importante de pétrole, bénéficiant, à une ou deux exceptions près (Trinité et Pérou) du tarif minimum. Ont droit au tarif conventionnel pour toutes leurs marchandises, les pays producteurs suivants :

La Colombie.
L'Égypte.
L'Équateur.
Le Japon.
Le Mexique.
La Perse.
La République Argentine.
La Roumanie.
Le Vénézuéla.

D'autres pays producteurs ne bénéficient du tarif minimum que pour un nombre limité de produits, parmi lesquels figurent les pétroles [2] :

Les États-Unis (décret du 7 juillet 1893) ;

Les Indes Anglaises (à titre provisoire, décret du 16 janvier 1919) ;

Les Indes Néerlandaises (décret du 23 septembre 1919) ;

Le Canada (arrangement commercial du 29 janvier 1921, *Journal Officiel* du 13 mars 1921) ;

La Tchéco-Slovaquie (arrangement commercial du 4 novembre 1920, *Journal Officiel* du 2 mai 1921) ;

Le Caucase (à titre provisoire, décret du 18 avril 1921, *Journal Officiel* du 23 avril 1921) ;

La Pologne (à titre provisoire : convention du 6 février 1922 ; décrets des 22 mars et 19 juin 1922, *Journal Officiel* des 24 mars et 20 juin 1922).

L'importateur français fournit à la douane un certificat

1. Seurat, *Le Pétrole au point de vue économique et fiscal*, thèse pour le doctorat, Bordeaux 1912, p. 156.

2. Il n'est question que des essences, pétroles, etc. Certains produits spéciaux (vaselines, paraffine, etc.) sont, pour quelques pays, exclus de ces avantages. C'est le cas, par exemple, de la vaseline américaine, soumise au tarif général.

d'origine, visé par l'autorité consulaire du port d'embarquement[1], s'il veut obtenir l'application du tarif minimum.

Le tarif applicable est fonction de la provenance de l'huile minérale. Comment détermine-t-on légalement cette origine?

D'une façon générale (*Observations préliminaires du tarif officiel des douanes*, article 54), le pays d'origine est celui où la marchandise a été récoltée s'il s'agit d'un produit naturel, ou fabriquée s'il s'agit d'un produit manufacturé. Pour le pétrole brut, aucune difficulté, le pays d'origine est, sans contestation possible, le pays où il a été extrait. Pour les pétroles raffinés et les essences, il semblerait rationnel de s'attacher à la nationalité de la raffinerie qui a rendu propre à la consommation un produit antérieurement inutilisable. C'est d'ailleurs ce qui paraît découler de l'interprétation du § 389 des *Observations préliminaires du tarif officiel des douanes* — les produits raffinés étant taxés à un tarif plus élevé que les huiles brutes — :

« Marchandises ayant reçu une main-d'œuvre dans les États contractants ».

« 389. — Il n'est pas nécessaire, pour qu'un objet manufacturé soit considéré comme originaire d'un État contractant, que la matière première soit elle-même originaire de cet État.

« Ainsi l'on traite comme produits belges des toiles tissées en Belgique avec des fils anglais. Mais il faut en pareil cas que la main-d'œuvre que la matière première ait reçue, ait pour effet de faire passer le produit (surtaxes comprises) dans une classe du tarif plus fortement taxée. Dans tout autre cas, la marchandise reste soumise aux conditions résultant de son origine primitive : par exemple des peaux déjà tannées en Amérique qu'on trouverait de nouveau dans un État contractant, devraient être traitées comme peaux américaines. »

1. A titre exceptionnel, les certificats d'origine délivrés pour les pétroles importés de Perse en France par le service du port d'expédition d'Abadan sont dispensés de légalisation diplomatique ou consulaire, pourvu que la vérification ne laisse pas subsister de doute sur l'origine déclarée (Décision ministérielle du 26 septembre 1921 et annexe au décret du 25 octobre 1921). C'est à la suite de l'impossibilité matérielle pour les intéressés (en l'espèce, la Société Générale des Huiles de Pétrole) de faire viser les titres d'origine — le moins éloigné des consulats français se trouvant à plusieurs centaines de kilomètres des champs pétrolifères — que la direction générale des douanes a admis ce régime de faveur.

Tel n'est cependant pas le point de vue de la douane, qui a fait insérer cette note explicative dans le tableau des droits[1] :

« Huiles minérales propres à l'éclairage » :

« On considère comme pays de production pour les huiles minérales lourdes, raffinées et essences, le pays d'origine de l'huile brute dont elles proviennent et non le pays où elles ont été obtenues industriellement, c'est-à-dire le pays où l'huile brute a été distillée ou épurée. Il en résulte que les huiles minérales raffinées, essences et huiles lourdes obtenues dans un pays d'Europe quelconque par la distillation d'huile brute américaine ou russe sont admissibles au tarif minimum, plus la surtaxe. »

Mais, ô logique administrative, la solution opposée prévaut dans l'alinéa suivant pour la paraffine et la vaseline :

« Conformément au principe posé par le n° 389 des Observations préliminaires du tarif, la vaseline et la paraffine obtenues dans un pays d'Europe par le traitement des pétroles américains ou russes sont considérées comme originaires de ce pays. »

Aux droits d'entrée peut éventuellement s'ajouter une surtaxe d'entrepôt ou d'origine de 5 francs par 100 kilogrammes, lorsque le produit transporté, au lieu de venir en droiture du pays d'origine, a fait l'objet d'un déchargement dans un pays européen. Un tempérament a été apporté à cette règle en faveur des marchandises dirigées sur l'Alsace-Lorraine et importées *vià* Anvers[2].

β) Taxe de consommation. — La pénurie d'essence qui se manifesta pendant la guerre obligea le Gouvernement à en rationner la consommation. Le décret du 31 août 1917[3],

1. C'est ce que confirme la décision de l'Administration des douanes n° 4548 du 1er mai 1922 : « On considère comme pays d'origine le pays d'où proviennent les huiles minérales et non celui où elles ont été obtenues industriellement. Le raffinage dans un pays d'Europe d'huiles de pétrole d'origine extra-européenne n'est pas de nature à modifier l'origine primitive de ces huiles ».

2. Voir *supra*, p. 81.

3. Décret du 31 août 1917, article 7 : « Sur les quantités d'essence expédiées ou délivrées dans les conditions définies au paragraphe 3 de l'article 4 du présent décret, il est perçu, à titre de participation aux frais de contrôle, une redevance de 2 francs par hectolitre. »

ratifié par la loi du 31 décembre 1917, en réglementant les sorties d'essence des usines et entrepôts, institua, à titre de participation aux frais de contrôle, une redevance de 2 francs par hectolitre.

Quand la circulation des automobiles et l'emploi des essences furent redevenus libres (décret du 27 décembre 1918), on aurait pu penser que la redevance de 2 francs par hectolitre disparaîtrait du même coup. Mais tel ne fut pas le cas, et pendant un an et demi, jusqu'à l'entrée en vigueur de la loi de finances du 29 avril 1921 [1], qui abolit cette redevance, l'État continua à percevoir une taxe en paiement d'un service qu'il ne rendait plus.

γ) Taxe intérieure. — La loi de finances du 25 juin 1920 (art. 104) vint frapper les pétroles bruts, les essences, les pétroles raffinés d'une taxe de 20 francs par hectolitre, dite *taxe intérieure* ou de *circulation*. Échappent seuls à ce droit les huiles de graissage et les résidus du pétrole (fuel-oil, gas-oil, brais) [2].

Par l'effet de cette loi, les droits sur le pétrole et l'essence se trouvaient d'un seul coup triplés. Les consommateurs d'essence [3] ne manquèrent pas de protester contre cette charge

1. Loi du 29 avril 1921, article 27 : « Est abrogé le deuxième paragraphe de l'article 23 de la loi du 31 décembre 1917, ratifiant l'article 7 du décret du 31 août 1917, fixant une redevance de 2 francs par hectolitre d'essence expédiée ou livrée par les raffineurs, à titre de participation aux frais de contrôle ».

2. C'est ce qui résulte de l'article 1er du décret du 19 mai 1921, remplaçant le décret du 30 juin 1920, qui définit ainsi les huiles de pétrole passibles de la taxe :

1) Huiles minérales, raffinées ou lampantes, essences de pétrole et autres, pures et en mélange, incolores ou légèrement jaunâtres et pouvant brûler dans une lampe à mèche d'un usage courant;

2) Toute huile ou essence contenant plus de 90 °/₀ de produits lampants distillant avant 325° à l'appareil de Luynes Bordas, en suivant le mode opératoire employé par le Laboratoire du Ministère des Finances.

3. C'est à dessein que nous ne parlons pas des consommateurs de pétrole; ceux-ci, bien que se recrutant en général dans des milieux moins fortunés que les consommateurs d'essence, et faute d'organismes constitués (Chambres syndicales, Associations diverses) portant parole en leur nom, font entendre beaucoup plus discrètement leurs doléances.

nouvelle qu'on leur imposait. Ces protestations trouvèrent leur écho dans la proposition de résolution, présentée devant la Chambre le 9 décembre 1920 par MM. Bouilloux-Laffont, Barthe, etc., et qui tendait à la suppression de cette taxe[1].

Faut-il ajouter que cette protestation est restée lettre morte et que le Ministre des Finances n'a pas cru devoir renoncer à un impôt qui rapporte chaque année au Trésor plus de 200 millions de francs[2].

1. Voici quelques extraits de l'exposé des motifs qui précédait la proposition de résolution (annexe au procès-verbal de la 2e séance du 9 décembre 1920, Chambre des députés, n° 1782).

« L'effet de cet impôt qui frappe les carburants d'usage courant et d'importance primordiale n'a pas tardé à se faire sentir ; il a été tout simplement désastreux.

Si la crise qui s'est produite récemment dans l'industrie automobile n'a pas eu pour cause unique l'élévation des prix dont nous venons de parler, celle-ci a été certainement un des éléments les moins négligeables.

L'augmentation de la taxe de 20 francs par hectolitre correspond à un pouvoir calorifique égal à un droit de 175 francs par tonne de charbon.

La densité de l'essence est 0,730. L'impôt est de 0,20 par litre, soit par kilogramme de $\frac{0,20 \times 1.000}{0,730} = 0,275$.

Chaque kilogramme d'essence contient 11.000 calories. La taxe est donc par calorie de $\frac{0,275}{11.000}$. Un kilogramme de charbon contient 7.000 calories. La même taxe que pour l'essence appliquée au charbon donnera donc $\frac{0,275 \times 7.000}{11.000} = 0,175$ par kilogramme, soit 175 francs par tonne ».

Le Comité général du pétrole, réuni le 14 janvier 1921, sous la présidence de M. Laurent Eynac, avait émis de son côté le vœu suivant :

« Le Comité général du pétrole

Constatant que, compte tenu des changes et droits fiscaux respectifs, la France paie l'essence et le pétrole un prix inférieur à celui des pays voisins, mais qu'elle supporte des charges exceptionnelles sur ces produits du fait de ces deux facteurs :

Constatant que les prix de revient en sont diminués par les cours de la livre et du dollar, qui ont augmenté en quelques mois respectivement de 25 % et 35 % :

Constatant que, cependant, la France est le seul pays qui maintienne sur ces produits les plus lourdes charges fiscales, que, notamment, la Belgique et la Suisse ne perçoivent aucun droit, et l'Italie un droit insignifiant, qu'enfin l'Angleterre vient de supprimer le droit de 7 deniers par gallon qu'elle avait institué sur l'essence pendant la guerre;

Considérant qu'à Paris, par exemple, les taxes et droits divers représentent, pour le pétrole, plus du tiers de la valeur du produit, et plus du quart pour l'essence ;

Appuie énergiquement la proposition de loi déposée le 9 décembre 1920, à la Chambre des députés, par M. Bouilloux-Lafont et plusieurs de ses collègues, tendant à la suppression du 25 juin 1920 sur les pétroles, essences, benzols et leurs dérivés.

Demande, au cas où cette suppression ne pourrait être immédiatement décidée par le Parlement, qu'il autorise au moins la suspension momentanée de la perception de la taxe pendant la période actuelle de tension des changes. »

2. Une atténuation dans l'application de la taxe intérieure a été apportée par l'article 104 de la loi du 25 juin 1920 :

« Les essences imposables mélangées à l'alcool dans des proportions déter-

δ) Surtaxe de péréquation. — Nous verrons ultérieurement[1] comment l'État a été amené, à la suite du contrat créant un consortium pétrolier en France, à se faire importateur de pétrole. Au moment où, ce contrat expirant, le commerce des pétroles est redevenu libre, le Gouvernement s'est trouvé à la tête de stocks considérables, stocks qui, par suite de la baisse rapide des prix du pétrole et des cours des frets, avaient une valeur très inférieure à celle de leurs prix de revient. Comme, d'une part, le Gouvernement voulait faire bénéficier le consommateur français d'une réduction immédiate des prix, et comme, d'autre part, il entendait ne pas subir de perte du fait de ses opérations commerciales, un contrat fut passé le 30 avril 1921 entre les importateurs de pétrole et l'État; ce contrat stipulait dans son article 10 que l'État encaisserait, sur le prix de la marchandise cédée aux raffineurs ou importée directement, une prime de 30 francs par hectolitre.

Les principaux termes de ce contrat furent incorporés dans le décret du 7 mai et dans la loi du 9 juillet 1921 (promulguée le 18 juillet) dont l'article 2 disposait :

« Pendant une période dont l'expiration sera fixée par une

minées par arrêté du Ministre des Finances et aux conditions fixées par ces arrêtés seront exonérées des droits établis par le présent article. »

L'article unique de l'arrêté du 23 septembre 1921, modifiant l'article 1er de l'arrêté du 4 juin 1921, fixe les conditions d'exonération.

« Seront exonérées de la taxe de 20 francs par hectolitre établi par la loi du 25 juin 1920, les huiles minérales raffinées ou lampantes et les essences de pétrole et autres imposables employées avec l'alcool à des mélanges dans lesquels l'alcool n'entrera pas dans une proportion inférieure au tiers du volume total et les huiles minérales raffinées ou lampantes et les essences n'entreront pas dans une proportion supérieure à celle de l'alcool. »

Ces dispositions, qui avaient pour objet d'encourager la fabrication et l'usage en France d'un carburant national, ne semblent pas avoir rencontré encore d'application pratique.

Une autre atténuation est demandée par M. Lucien Lamoureux (Proposition de loi annexe au procès-verbal de la 2e séance du 11 décembre 1922, Chambre des députés, n° 5232) en faveur des produits provenant de la distillation des schistes, des grès pétrolifères, etc.

1. Voir *infra*, p. 153.

loi de finances, tout importateur d'huiles ou d'essences[1] devra payer une surtaxe temporaire destinée à compenser la différence entre le prix de revient des stocks de l'État et le produit de leur cession.

« Le taux de cette surtaxe est fixé initialement à 30 francs par hectolitre et sera réduit progressivement par décrets. Elle sera perçue dans la forme prévue par l'article 104 de la loi du 25 juin 1920 ; son produit sera porté au compte spécial des essences et pétroles ouvert par la loi du 31 juillet 1920. »

Le taux de la surtaxe de péréquation a subi des réductions successives :

Décret du 13 octobre 1921 :	du 15 octobre au 31 décembre 1921	20 fr.
id. :	du 1er janvier au 14 avril 1922...	15 »
Décret du 30 mars 1922 :	du 15 avril au 30 septembre 1922	10 »
Décret du 23 septembre 1922 :	depuis le 1er octobre 1922.......	5 »

Au début de 1923, l'État avait déjà largement récupéré la perte qu'il s'agissait de compenser. La surtaxe de péréquation n'en continuait pas moins à être perçue. Elle est même sur le point de perdre le caractère temporaire qui la définissait lors de son établissement : l'article 17 C de la loi de Finances pour 1923, voté par la Chambre le 26 janvier 1923[2], consolide en effet,

1. Les huiles de graissage et les résidus, à l'importation desquels l'État était resté étranger, échappent donc à cette taxe. En revanche les pétroles bruts, qui n'entrent pas dans une usine soumise à l'exercice, doivent acquitter la *totalité* de la surtaxe de péréquation.

2. Article 17 C de la loi de Finances pour 1923 : « La surtaxe temporaire instituée par la loi du 9 juillet 1921 sur les importations d'huiles et essences de pétrole, et réduite à 5 francs par décret du 23 septembre 1922, continuera d'être perçue et son produit sera affecté, à partir de la mise en vigueur des dispositions de l'article précédent, à un abaissement correspondant au prix cession de l'alcool destiné à la force motrice.

« Le produit de cette surtaxe sera imputé au compte du service des alcools. »

en faveur du « carburant national », la surtaxe de péréquation.

Droits non spéciaux aux pétroles et essences[1]. — α) TAXE A L'IMPORTATION. — L'article 72 de la loi du 25 juin 1920 soumet à la taxe de 1,10 % *ad valorem* les marchandises importées[2]. » Cette taxe sera liquidée », dit le texte, « sur la valeur desdits objets ou marchandises, — droits de douane et de consommation ou de circulation compris — ». L'arrêté du 20 août 1920, article 7, précise que « la valeur à considérer pour l'application de l'impôt est celle que les marchandises ont dans le lieu et au moment où elles sont présentées à la douane, addition faite des droits d'entrée et des taxes intérieures exigibles ».

La taxe de 1,10 % se calcule donc non seulement sur la valeur *cif* de la marchandise, mais également sur d'autres taxes antérieurement perçues, aussi anormale que puisse paraître une pareille cascade d'impôts.

Il appartient à l'importateur d'énoncer sur sa déclaration, la valeur de la cargaison lorsqu'il procède à son dédouanement. La détermination de cette valeur est, pour les huiles minérales, d'autant plus délicate qu'à l'opposé de ce qui se passe pour nombre d'autres produits, cafés, cotons, etc., le pétrole et l'essence ne font pas l'objet de transactions dans les Bourses de Commerce et, partant, ne donnent lieu à l'enregistrement d'aucune cote et à la publication d'aucune mercuriale.

1. Eu égard à leur taux minime, nous avons passé sous silence le droit de statistique qui est de 0 fr. 30 par tonne et les droits de péage, perçus au bénéfice des Chambres de Commerce et qui varient selon les ports entre 0 fr. 05 (Saint-Nazaire) et 3 francs (Le Havre) par tonne.

2. La taxe à l'importation est passible d'une surtaxe supplémentaire de 1,10 % quand l'importateur ne peut fournir la preuve que le vendeur est établi au pays d'origine de la marchandise et que l'opération a été effectivement conclue dans ce pays.

L'importateur justifie l'origine de sa marchandise au moyen de factures consulaires, c'est-à-dire en produisant des factures établies par le vendeur et visées par les soins du Consul de France résidant au port d'embarquement.

ÉNUMÉRATION ET ORDRE L'APPLICATION DES DROITS ET TAXES PERÇUS POUR LE COMPTE DE L'ÉTAT AU 1er FÉVRIER 1923

A) — Produits livrés directement à la consommation.

PRODUITS	DROIT de STATISTIQUE	DROITS D'ENTRÉE — TARIF GÉNÉRAL	DROITS D'ENTRÉE — TARIF MINIMUM	SURTAXE D'ENTREPOT OU D'ORIGINE	TAXE de FABRICATION	TAXE INTÉRIEURE	SURTAXE de PÉRÉQUATION	TAXE (ET SURTAXE) D'IMPORTATION	TAXE DE TIMBRE AD VALOREM	TIMBRE GRADUÉ	TAXE sur le CHIFFRE D'AFFAIRE
Huile brute	0f,30 la tonne	18f,00 les 100 kil.	9 fr. les 100 kil. (ou 7f,20 l'hect.)	5 fr. les 100 kil.	1f,25 les 100 kil. (ou 1 fr. l'hect.)	20 fr. l'hect.	5 fr. l'hect.	1,10 (ou 2,20) % de la valeur, majorée des droits précédents exigibles (à l'exception du droit de statistique).	0,20 % du montant de droits perçus (à l'exclusion de la taxe d'importation et de la surtaxe de péréquation).	Timbre de 0f,25 à 1 fr. sur la quittance de la taxe à l'importation et de la surtaxe de péréquation.	1,10 % à chaque transaction.
Raffinés et essences	id.	25f,00 id.	10f,00 l'hect.	id.	—	id.	id.	id.	id.	id.	id.
Huiles lourdes	id.	36f,00 id.	27f,00 les 100 kil	id.	—	—	—	id.	id.	id.	id.
Résidus	id.	0f,80 id.	0f,40 id.	id.	—	—	—	id.	id.	id.	id.
Paraffine	id.	135f,00 id.	90f,00 id.	id.	—	—	—	id.	id.	id.	id.
Vaseline	id.	252f,00 id.	168f,00 id.	id.	—	—	—	id.	id.	id.	id.

B) — Produits passant par l'usine exercée.

a) *Pétrole brut traité en usine exercée.*

PRODUITS	DROIT de STATISTIQUE	DROITS D'ENTRÉE — TARIF GÉNÉRAL	DROITS D'ENTRÉE — TARIF MINIMUM	SURTAXE D'ENTREPOT OU D'ORIGINE	TAXE de FABRICATION	TAXE INTÉRIEURE	SURTAXE de PÉRÉQUATION	TAXE (ET SURTAXE) D'IMPORTATION	TAXE DE TIMBRE AD VALOREM	TIMBRE GRADUÉ	TAXE sur le CHIFFRE D'AFFAIRE
α) à l'entrée de l'usine exercée : Pétrole brut	0f,30 la tonne	—	—	5 fr. les 100 kil.	—	—	—	1,10 (ou 2,20) % de la valeur du brut, majorée éventuellement de la surtaxe d'entrepôt.	Éventuellement 0,20 % de la surtaxe d'entrepôt.	id.	—
β) à la sortie de l'usine exercée : Raffinés et essences	—	21f,40 les 100 kil.	11f,40 les 100 kil. (ou 9f,10 l'hect.)	—	—	20 fr. l'hect.	5 fr. l'hect.	—	0,20 % du montant des droits perçus (à l'exclusion de la surtaxe de péréquation).	—	1,10 % à chaque transaction.
Huiles de graissage	—	11f,00 id.	8f,00 les 100 kil.	—	—	—	—	—	id.	—	id.
Résidus	—	0f,70 id.	0f,30 id.	—	—	—	—	—	id.	—	id.
Paraffine	—	31f,50 id.	21f,00 id.	—	—	—	—	—	id.	—	id.
Vaseline	—	29f,50 id.	19f,50 id.	—	—	—	—	—	id.	—	id.

b) *Produits raffinés retraités en usine exercée.*

PRODUITS	DROIT de STATISTIQUE	DROITS D'ENTRÉE — TARIF GÉNÉRAL	DROITS D'ENTRÉE — TARIF MINIMUM	SURTAXE D'ENTREPOT OU D'ORIGINE	TAXE de FABRICATION	TAXE INTÉRIEURE	SURTAXE de PÉRÉQUATION	TAXE (ET SURTAXE) D'IMPORTATION	TAXE DE TIMBRE AD VALOREM	TIMBRE GRADUÉ	TAXE sur le CHIFFRE D'AFFAIRE
α) à l'entrée de l'usine exercée : Raffinés et essences	0f,30 la tonne	25 fr. les 100 kil.	10 fr. l'hect.	5 fr. les 100 kil.	—	—	—	1,10 (ou 2,20) % de la valeur majorée des droits précédents exigibles, de la taxe intérieure et de la surtaxe de péréquation, et à l'exclusion du droit de statistique.	0,20 % du montant des droits perçus, à l'exclusion de la taxe d'importation et de la surtaxe de péréquation.	Timbre de 0f,25 à 1 fr. sur la quittance de la taxe à l'importation et de la surtaxe de péréquation.	—
β) à la sortie de l'usine exercée : Raffinés et essences	—	—	—	—	—	20 fr. l'hect.	5 fr. l'hect.	—	—	—	1,10 % à chaque transaction.

Pour éviter une source permanente de conflits, la douane a accepté, pour les pétroles, comme pour certains autres produits (pâtes à papier, laines, etc.), de prendre comme « élément d'appréciation » les barêmes des prix *cif*, établis périodiquement par les soins des groupements syndicaux[1].

1. Nous reproduisons d'après le *Bulletin douanier* (nº du 8 décembre 1922) un modèle de barême, destiné à servir de base aux dédouanements effectués au cours du mois de décembre 1922.

Changes du 30 novembre 1922..... { £ = 64f,84 ; $ = 14f,37 }

Cours des produits au 29 novembre 1922.

			Densité.
Pétrole ordinaire	7 cents 1/2 le gallon fob New-York	....	815
Water-white	8 » 1/2	»	800
Essence lourde	18 cents	»	740
» légère	21 »	»	720

Le gallon 3l,785 = { 3kg,085 pétrole ordinaire, 3kg,028 water-white, 2kg,800 essence lourde, 2kg,725 » légère. }

Prix à la tonne :

Pétrole ordinaire......... $\frac{0,075 \times 14,37}{3.085} \times 1.000 =$ 349,35 les 1.000 kilogrammes

Water-white.............. $\frac{0,085 \times 14,37}{3.028} \times 1.000 =$ 403,38 id.

Essence lourde........... $\frac{0,180 \times 14,37}{2.800} \times 1.000 =$ 923,78 id.

» légère........... $\frac{0,210 \times 14,37}{2.725} \times 1.000 =$ 1.107,41 id.

	PÉTROLE ORDINAIRE la tonne de 1.000 kg.	WATER-WHITE LA TONNE de 1.000 kg.	ESSENCE LOURDE la tonne de 1.000 kg.	ESSENCE LÉGÈRE la tonne de 1.000 kg.
	francs	francs	francs	francs
Prix d'achat.......................	349,35	403,38	923,78	1.107,41
Fret { Raffinés 19 s. la tonne.....	60,62	60,62	—	—
Fret { Essences 20 s. la tonne....	—	—	63,81	63,81
Assurance = 0,25 0/0..............	1,02	1,16	2,47	2,93
Déchet de route { Raffinés 1 0/0...........	4,11	4,65	—	—
Déchet de route { Essences 1 1/2 0/0......	—	—	14,85	17,61
Frais de déchargement............	2,00	2,00	2,00	2,00
	417,10	471,81	1.006,91	1.193,76
	en douane			
Soit à l'hectolitre.................	33,99	37,74	74,51	85,95
	en douane			

β) Taxe de timbre ad valorem. — L'article 80 de la loi du 25 juin 1920 a fixé à 0,20 % le droit de timbre exigible sur les quittances perçues par la douane, et *pour le compte de celle-ci*. La dernière partie de cette proposition exclut du timbre proportionnel les quittances afférentes à la surtaxe de péréquation et au droit à l'importation de 1,10 % et ne les soumet qu'au timbre gradué [1].

γ) Taxe sur le chiffre d'affaires. — En vertu de l'article 59 de la loi du 25 juin 1920, les essences et pétroles sont, comme les autres marchandises, non limitativement exonérées, soumis à la taxe sur le chiffre d'affaires de 1,10 %. Le consommateur qui achète un produit ayant passé successivement par les mains de l'importateur, du grossiste et du détaillant, payera en réalité un droit de plus de 3,3 %.

COMBINAISON DES DIFFÉRENTS DROITS ET TAXES

L'action combinée des différents impôts qu'ont supportés le pé-

1. *Quid* des quittances des sommes perçues au titre du droit intérieur de 20 francs ? La douane soumet ces quittances au timbre de 0,20 %. Cette pratique nous paraît aller à l'encontre des textes.

D'une part, l'exposé des motifs au projet de loi n° 166, ayant pour objet la création de nouvelles ressources fiscales, ainsi que le rapport présenté au Sénat au nom de la Commission des Finances ne prévoient l'application du timbre de 0,20 % qu'aux quittances de droits de douane.

D'autre part, aux termes de l'article 56 de la loi du 25 juin 1920, les quittances des Douanes et des Contributions indirectes restent soumises au timbre qui leur est spécial. L'Administration des Contributions indirectes, par lettre autographiée du 23 septembre 1920, interprète cette disposition en ce sens que son application est limitée à l'acquittement des impôts dont la perception incombe *exclusivement*, soit à l'Administration des Contributions indirectes, soit à celle des Douanes.

Or, tel n'est pas le cas de la taxe intérieure de 20 francs par hectolitre, perçue tantôt par les Contributions indirectes, pour les pétroles produits en France (Pechelbronn), tantôt par les Douanes, pour les quantités importées de l'étranger. La thèse soutenue par la Douane donne naissance à une anomalie et à une inégalité qui devraient suffire pour la faire condamner.

trole lampant et l'essence, depuis 1914, apparaît dans ce tableau :

Montant des droits et taxes perçus par hectolitre de pétrole et d'essence, vendu au détaillant, depuis le 1er janvier 1914.

DATES	DISPOSITION LÉGISLATIVE ENTRANT EN APPLICATION	PÉTROLE DE LUXE	ESSENCE TOURISME
		francs	francs
1er janvier 1914.....	Loi du 30 juin 1893.	10,00	10,00
31 août 1917.......	Loi du 31 août 1917.	10,00	12,00
1er juillet 1920......	Loi du 25 juin 1920.	32,56	36,10
29 avril 1921.......	Loi du 29 avril 1921.	—	34,79
1er mai 1921.......	Décret du 7 mai 1921.	62,82	64,40
20 octobre 1921.....	Décret du 13 octobre 1921.	52,36	53,90
1er janvier 1922....	id.	47,06	48,40
15 avril 1922.......	Décret du 30 mars 1922.	41,90	42,78
1er octobre 1922....	Décret du 23 septembre 1922.	36,72	37,90

Pétrole. — Les droits sur le pétrole, de 10 francs par hectolitre avant la guerre, se sont élevés à près de 63 francs au cours de l'année 1921 : ils ne sont plus aujourd'hui que de 36 francs environ.

Au temps où la lampe à pétrole constituait dans les salons le summum de la perfection dans l'éclairage, il paraissait légitime d'imposer fortement un produit de luxe. Par suite de l'extension prise depuis trente ans par l'éclairage au gaz et à l'électricité, on ne brûle plus de pétrole que dans les faubourgs et les campagnes. De tous les impôts indirects, improportionnels par définition, l'impôt sur le pétrole est donc un des plus anti-démocratiques ; l'abus apparaît d'autant plus criant que le gaz et l'électricité ne sont soumis à aucune espèce de droit.

Peut-être y aurait-il intérêt même pour le Trésor à détaxer partiellement le pétrole lampant ? En vendant le pétrole à un prix plus raisonnable, on populariserait en France l'emploi du réchaud à pétrole, encore peu répandu, et l'augmentation de la consommation compenserait très probablement pour l'État le moins-perçu par hectolitre.

Essence. — L'essence a supporté et supporte encore des droits presque identiques à ceux du pétrole : eu égard à la valeur plus que double de l'essence, les droits sont proportionnellement plus modérés et peuvent beaucoup moins donner place à des récriminations ; il serait toutefois infiniment désirable pour le développement de l'automobilisme et du tourisme en France que baissât le prix de ce carburant.

Ne pourrait-on pas voir dans l'impôt sur l'essence un mode encore imparfait[1] d'application d'une méthode bien connue : le système de la spécialité des taxes? Ce système paraît très séduisant en théorie, et s'il a été généralement abandonné, c'est à cause des difficultés insurmontables auxquelles on se heurte quand on veut établir l'assiette de l'impôt. Étant donné la perception facile de la taxe sur l'essence, cette objection tombe, et il serait possible d'instituer un véritable droit de péage sur certains usagers de la route[2] : les automobiles payeraient ainsi pour l'entretien des routes une redevance qui serait en rapport avec leur consommation d'essence, la consommation d'essence étant elle-même fonction de la distance parcourue, du poids transporté, etc.

L'Angleterre, pays de prédilection des taxes spéciales, a longtemps eu recours à la taxe sur l'essence comme moyen indirect de frapper les propriétaires d'automobiles. Ce droit sur l'essence, créé en 1909[3], fut aboli le 31 décembre 1920 pour être remplacé par un droit basé sur la puissance du moteur. Mais dans ces derniers temps, on parle avec insistance dans la presse anglaise de revenir à l'ancien système[4], considéré

1. Il serait aisé d'affecter tout ou partie des recettes perçues sur l'essence à un compte spécial d' « entretien des routes ».

2. Dans le même ordre d'idées, le projet de loi relatif à l'organisation de l'Office national des Routes prévoit une taxe spéciale sur les camions poids lourds, et destinée à compenser la dégradation anormale que ces véhicules infligent aux chaussées.

3. Ce droit était de 3 d. par gallon impérial depuis le 30 avril 1909; le 22 septembre 1916, il avait été porté à 6 d.

4. Il est également question, dans différents États américains, de substituer à l'impôt proportionnel à la cylindrée du moteur un droit de 1 cent par gallon d'essence.

comme plus équitable. En Angleterre, d'ailleurs, le droit sur l'essence était exclusif de tout autre impôt sur les automobiles, tandis qu'en France prévaut le cumul des deux genres de axes.

DROITS D'OCTROI

A côté des droits encaissés pour le compte de l'État, il faut faire une place à part aux droits perçus par certaines municipalités sous la forme désuète, quoiqu'encore trop répandue de l'octroi [1]. Les tarifs d'octroi varient d'une ville à l'autre : à Paris, les droits perçus par la ville sur le pétrole et l'essence se montent à 19 fr. 80 l'hectolitre, soit environ 20 centimes par litre.

On s'accordait avant la guerre pour qualifier d'exorbitant ce tarif : c'était l'époque où l'essence coûtait à Paris, *extra muros*, 45 centimes le litre et le pétrole 25 centimes. Il ne viendrait plus à l'idée de personne de récriminer contre cette taxe, noyée aujourd'hui dans un prix de vente démesurément gonflé.

S'inspirant de la ligne de conduite tracée par l'État lui-même, la Ville de Paris et d'autres municipalités n'eussent pas manqué d'aggraver les droits sur les carburants liquides, si la loi du 30 juin 1893 n'avait à l'avance disposé un frein à leur appétit. L'article 3 de la loi de 1893 dispose en effet : « A partir de la promulgation du nouveau tarif des pétroles, aucun tarif d'octroi relatif aux huiles végétales et minérales ne pourra être créé dans les villes où il n'existe pas, ni relevé là où il existe. — Dans les villes où ces tarifs existent, le droit perçu sur ces huiles ne pourra, à l'expiration desdits tarifs, être supérieur à 50 % du droit perçu par le Trésor, décimes compris. »

1. On a, entre autres griefs, reproché aux droits d'octroi leur caractère d'impôt vexatoire : les automobilistes conviendront sans peine que ce reproche vise spécialement les droits qui frappent l'essence.

B. — LES PRIX EN FRANCE

1. — FORMATION DES PRIX

La plupart des marchandises de grande consommation, céréales, sucres, textiles, etc., font l'objet de transactions (au comptant et à terme) dans les bourses de Commerce : grâce à la publicité des opérations, les courtiers assermentés peuvent en enregistrer les conditions. A la clôture de chaque bourse, on connaît donc exactement, pour une marchandise définie, dans un lieu déterminé, le prix moyen résultant de l'importance relative de l'offre et de la demande. Pour les pétroles, aucune organisation semblable n'existe; d'où, pour ces produits, absence absolue de marché à terme, de transactions publiques, de cours officiellement constatés.

Quant au mécanisme qui préside à la formation des prix de gros (prix de vente des importateurs aux détaillants), il est d'une nature assez spéciale[1] ; chaque société distributrice fixe, pour la vente de ses produits dans les différents centres de consommation qu'elle approvisionne, un prix de base, calculé d'après le prix de revient de la marchandise, majoré des frais de transport jusqu'au lieu de destination ; les prix de vente varient donc de ville à ville, augmentant au fur et à mesure qu'on s'éloigne des ports de réception[2]. Les sociétés

1. Nous nous plaçons, bien entendu, en période de liberté: pendant la guerre, et sous le régime du consortium, les prix étaient fixés par voie de taxation administrative.

2. En Grande-Bretagne, les sociétés pétrolières font une péréquation entre les prix des différents comtés, de sorte que les conditions de vente sont les mêmes d'un bout à l'autre de l'Angleterre et du Pays de Galles. Les prix écossais et irlandais, légèrement supérieurs aux prix anglais, sont également uniformes. La concurrence dans le Royaume-Uni n'existe d'ailleurs pas comme chez nous ; toutes les grandes sociétés vendent leurs produits aux mêmes prix. Seules quelques petites sociétés, pour attirer une fraction de la clientèle — qui reste assez faible — vendent à 1 d. en moyenne, par gallon anglais, au-dessous des prix communs cotés par les grandes firmes.

distributrices ne peuvent naturellement pas fixer arbitrairement les prix et elles sont forcées de tenir compte de la concurrence : vendre au-dessus des cours équivaut pratiquement à arrêter net toutes les ventes ; vendre trop bon marché, au-dessous du prix de revient, expose à voir affluer la totalité des consommateurs et à augmenter la perte. Pour parer à ce double danger, les sociétés de vente entretiennent à l'aide de leurs représentants, disséminés dans toute la France, un véritable service de renseignements, et des télégrammes les tiennent constamment au courant des affaires traitées en dehors d'elles. Suivant leur prix de revient, l'importance de la commande et leur désir d'accroître la clientèle, chacune des maisons décidera si elle doit maintenir son prix de base ou diminuer son prix de vente, au moyen d'une baisse de cours ou à l'aide de ristournes ou bonifications ; elle s'efforcera naturellement de conserver intacte la marge de bénéfices qu'elle considère comme normale, mais elle est parfois obligée d'en sacrifier une partie. Dans les moments de lutte très aiguë, comme ceux dont on a été témoin en 1922 et au début de 1923 sur certaines places particulièrement disputées, la marge de bénéfice s'est rétrécie au point de devenir parfois négative [1].

II. — VARIATION DES PRIX DU PÉTROLE LAMPANT ET DE L'ESSENCE EN FRANCE

(*Prix de vente aux détaillants*).

Les courbes des prix de gros pratiquées pour le pétrole et l'essence depuis août 1914 jusqu'en décembre 1922 présentent, si l'on en néglige les écarts secondaires pour n'en observer que l'allure générale, la forme d'un V renversé, à branches inégales, et dont le sommet se place vers juillet-

1. En Belgique, transformée provisoirement en paradis des automobilistes, se déroule actuellement une lutte encore plus intense que chez nous ; l'hectolitre d'essence s'y vend en gros dix francs *au-dessous* du cours *fob* New-York ! Ces guerres de prix ne sont pas enviables : tôt ou tard, les adversaires finissent par réaliser un accord, le payement des « dommages de guerre » étant naturellement réservé aux consommateurs.

PRIX DU PÉTROLE LAMPANT ET DE L'ESSENCE EN FRANCE DE 1914 à 1922

(Prix de vente au détaillant, à Rouen, de l'hectolitre : logé en bidons de 50 litres, octroi non compris.)

Pétrole de luxe
Pétrole ordinaire
Essence tourisme
Essence et essence poids lourds

Frs par Hl
225 220 215 210 205 200 195 190 185 180 175 170 165 160 155 150 145 140 135 130 125 120 115 110 105 100 95 90 85 80 75 70 65 60 55 50 45 40 35 30 25

1914: 1er Août, Octob., Déc.
1915: Février, Avril, Juin, Août, Octob., Déc.
1916: Février, Avril, Juin, Avril, Octob., Déc.
1917: Février, Avril, Juin, Août, Oct., Déc.
1918: Février, Avril, Juin, Août, Oct., Déc.
1919: Février, Avril, Juin, Août, Oct., Déc.
1920: Février, Avril, Juin, Août, Oct., Déc.
1921: Février, Avril, Juin, Août, Oct., Déc.
1922: Février, Avril, Juin, Août, Oct., Déc.

août 1920. La montée, lente durant la guerre et l'année qui suit l'armistice, devient rapide à partir de 1920 : en six mois, le pétrole ordinaire passe de 0 fr. 60 le litre à 1 fr. 50, l'essence tourisme de 1 fr. 04 à 2 fr. 20. Pendant toute cette période, le litre d'essence ou de pétrole coûtait donc plus cher que le bidon avant la guerre ! Il faut attendre plus d'un an, jusqu'à la liquidation du consortium (1er mai 1921), pour qu'une baisse se manifeste. Par paliers successifs, le pétrole touche en janvier 1923 le cours de 0 fr. 85, l'essence celui de 1 fr. 35.

Certes, ces prix sont encore très élevés, mais n'est-il pas extraordinaire — on l'a fait remarquer avant nous — de ne payer que 0 fr. 85 pour un produit, comme le pétrole, qu'il a fallu extraire des entrailles de la terre, raffiner, transporter sur plusieurs milliers de kilomètres, alors qu'une bouteille d'eau minérale, remplie à une source voisine, et frappée d'impôts infiniment moindres, se vend 50 % plus cher ?

Index-numbers. — La méthode des index-numbers permet de formuler, au sujet des prix, quelques remarques supplémentaires : les prix du pétrole, si on les compare à ceux de juillet 1914, avaient sextuplé au cours de l'année 1920 ; ils ont été réduits depuis de près de moitié. Les prix de l'essence n'ont jamais tout à fait quintuplé et ils sont aujourd'hui à peine au triple de leur taux de 1914.

Sans la diminution de la valeur d'achat de notre monnaie, (pour faire abstraction de cet élément, nous avons converti le prix français en francs-or), les cours de pétrole et de l'essence auraient, à peu de chose près, regagné leur niveau d'avant-guerre.

Par rapport au coût de la vie[1], les prix de l'essence et du pétrole ont présenté des divergences assez notables. En 1922 cependant, les courbes affectent une certaine similitude.

1. Indices des prix de gros en France, calculés sur quarante-cinq articles (d'après le *Bulletin de la Statistique générale de la France*).

III. — VARIATION DU POURCENTAGE DES PRINCIPAUX ÉLÉMENTS CONSTITUTIFS DES PRIX EN FRANCE

(*Prix de vente aux détaillants*).

Nous avons, au début de ce chapitre, examiné successivement les principaux éléments qui contribuent à constituer le prix de revient — et par conséquent le prix de vente — du pétrole et de l'essence en France. Le rôle respectif que chacun de ces éléments a joué au cours des huit dernières années et leur importance variable, ressortent suffisamment des graphiques que nous avons établis pour nous dispenser de les commenter en détail.

Une remarque préliminaire s'impose toutefois : la somme des différents pourcentages partiels s'écarte constamment en plus ou en moins — mais le plus souvent en moins — de 100. C'est d'abord parce qu'il n'a pas été tenu compte ni des coulages[1], ni des frais généraux, ni des amortissements, ni des bénéfices ou de la perte éventuels ; ensuite, parce que le prix de vente en France est comparé aux cours de New-York et au cours des frets, en vigueur à la même date : les produits vendus sont par conséquent évalués à leur *valeur de remplacement* et non à leur *prix de revient* réel.

Essence (essence tourisme)

Le prix d'achat représente pour l'essence l'élément constitutif le plus important : il n'est jamais descendu, dans la période envisagée, au-dessous de 33 %, et il est même monté,

1. Il se produit toujours une certaine déperdition de marchandises, ou *coulage*, à bord des bateaux-citernes. Ce déchet de route dépend naturellement de la longueur du trajet, du climat régnant dans les mers traversées, du produit transporté, etc. Le coulage moyen pour un bateau venant d'Amérique est de 1 % pour le pétrole et de 1,50 % pour l'essence. Le coulage qui se produit dans les bacs d'entrepôts et qui est dû principalement à l'évaporation, est, lui aussi, loin d'être négligeable : le directeur d'un gros entrepôt de pétrole estimait à 3 millions la valeur de l'essence qui, sous forme de vapeur, s'échappe chaque année de ses réservoirs !

PRINCIPAUX ÉLÉMENTS CONSTITUTIFS (°/₀ moyens mensuels) DES PRIX DE VENTE EN GROS EN FRANCE DE L'ESSENCE TOURISME ET COURS MOYENS MENSUELS DE L'HECTOLITRE D'ESSENCE TOURISME

(Vendu au détaillant, à Rouen, en bidons de 50 litres, octroi non compris.)

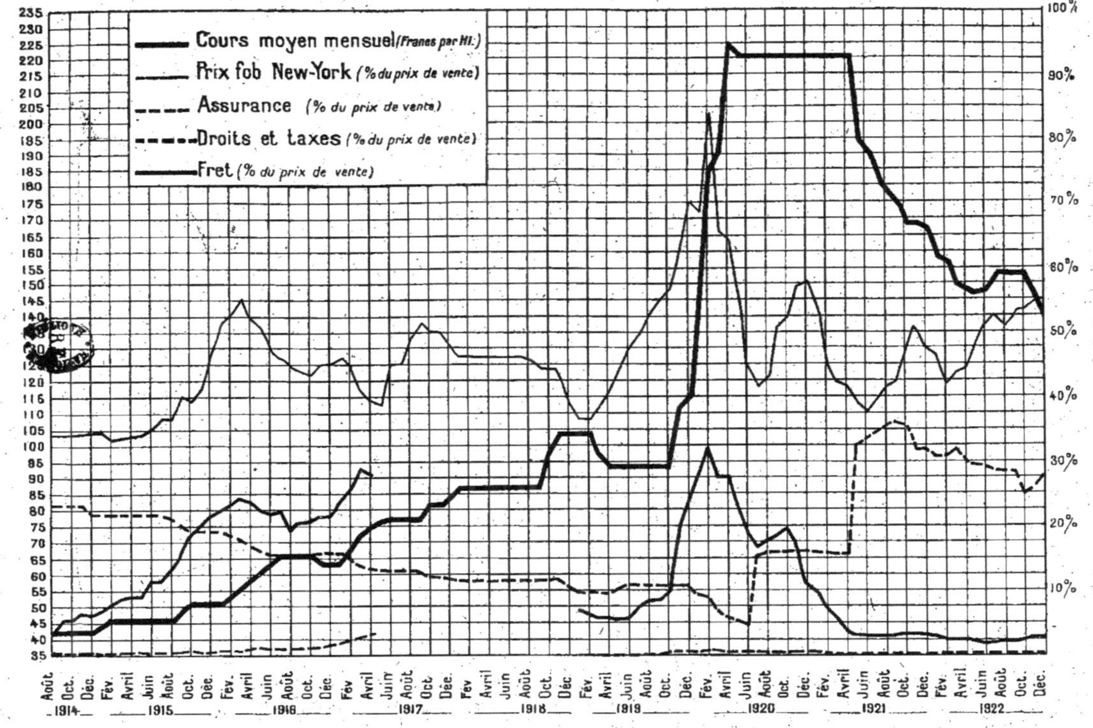

en février 1920, jusqu'à 84 % du prix de vente : pourcentage accidentel, la hausse des cours et la montée des changes avaient été si rapides que le Comité général du Pétrole chargé alors de la taxation, n'avait pas eu le temps d'ajuster les prix. En 1922, le pourcentage du prix d'achat se maintient aux environs de 50.

Le fret, facteur négligeable, en temps normal (3 % en août 1914) et, *a fortiori*, dans une période de crise analogue à celle qui sévit depuis un an (2 à 3 % en 1922), a représenté pendant la guerre jusqu'à 29 % du prix de vente.

L'assurance n'a jamais dépassé 3 % du prix de vente, même au plus fort de la guerre sous-marine. Depuis l'armistice, son taux est infime.

L'élément « droits et taxes », assez considérable avant la guerre (23,2 % en août 1914), est descendu jusqu'à 5 %, aussi longtemps que la loi de finances de 1920, avec son arsenal de nouveaux impôts, ne l'a pas fait remonter à 15 %. Deuxième bond avec l'établissement de la surtaxe de péréquation en mai 1921 (33 %). A la fin de 1922, le pourcentage des « droits et taxes » variait entre 25 et 27 %.

Pétrole (pétrole ordinaire)

Exception faite d'une courte période, à cheval sur les années 1919-1920, le prix d'achat ne constitue pour le pétrole qu'un élément secondaire : il dépasse rarement 20 % et il est même tombé en août 1920 jusqu'à 14 %.

Le fret est naturellement proportionnellement plus élevé pour le pétrole, produit bon marché, que pour l'essence, produit cher[1]. En avril 1917, il rentre pour plus de 55 % dans la formation du prix de vente, alors que le prix d'achat, au

1. D'une façon absolue, le fret étant calculé à la tonne, et le transport d'un hectolitre de pétrole est, en raison des différences de densité, plus onéreux que le transport d'un même volume d'essence (à moins bien entendu qu'un supplément n'ait été prévu pour l'essence).

cours de la même période, représente à peine 20 %. Le fret est redescendu en 1922 à un niveau plus modeste (4 %).

L'assurance a, sauf pendant quelques mois de la guerre, joué un rôle insignifiant.

Des droits, à peu près identiques, ont toujours frappé le pétrole et l'essence. Aussi, en 1914, le pétrole supporte-t-il en impôts 40 % de sa valeur. Ce taux n'est jamais descendu au-delà de 8 % et pendant plusieurs mois, après l'institution de la surtaxe de péréquation, il s'éleva jusqu'à près de 50 %; aujourd'hui le facteur « droits et taxes » ne représente encore pas moins de 40 %.

IV. — COMPARAISON AVEC LES PRIX ANGLAIS

On peut facilement comparer les prix anglais et français[1] en convertissant en francs par hectolitre les cours exprimés en shillings par gallon. Dans l'ensemble, l'essence se vend sensiblement meilleur marché en France qu'en Angleterre. Il n'en a été différemment que dans la période qui a suivi la conclusion de l'armistice : la baisse momentanée qui s'est produite alors de l'autre côté de la Manche n'a pas eu de contre-partie dans notre pays.

1. La méthode des index-numbers était, avant la guerre, d'un emploi très précieux pour comparer entre eux, dans deux pays différents, le mouvement des prix d'une même marchandise. La variation de la valeur d'achat des diverses monnaies complique considérablement le recours à cette méthode.

PRINCIPAUX ÉLÉMENTS CONSTITUTIFS (°/₀ moyens mensuels)
DES PRIX DE VENTE EN GROS EN FRANCE DU PÉTROLE ORDINAIRE
ET COURS MOYENS MENSUELS DE L'HECTOLITRE DE PÉTROLE ORDINAIRE
(Vendu au détaillant, à Rouen, en bidons de 50 litres, octroi non compris.)

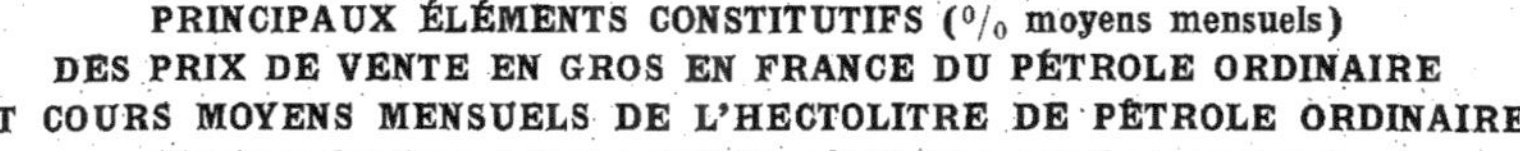

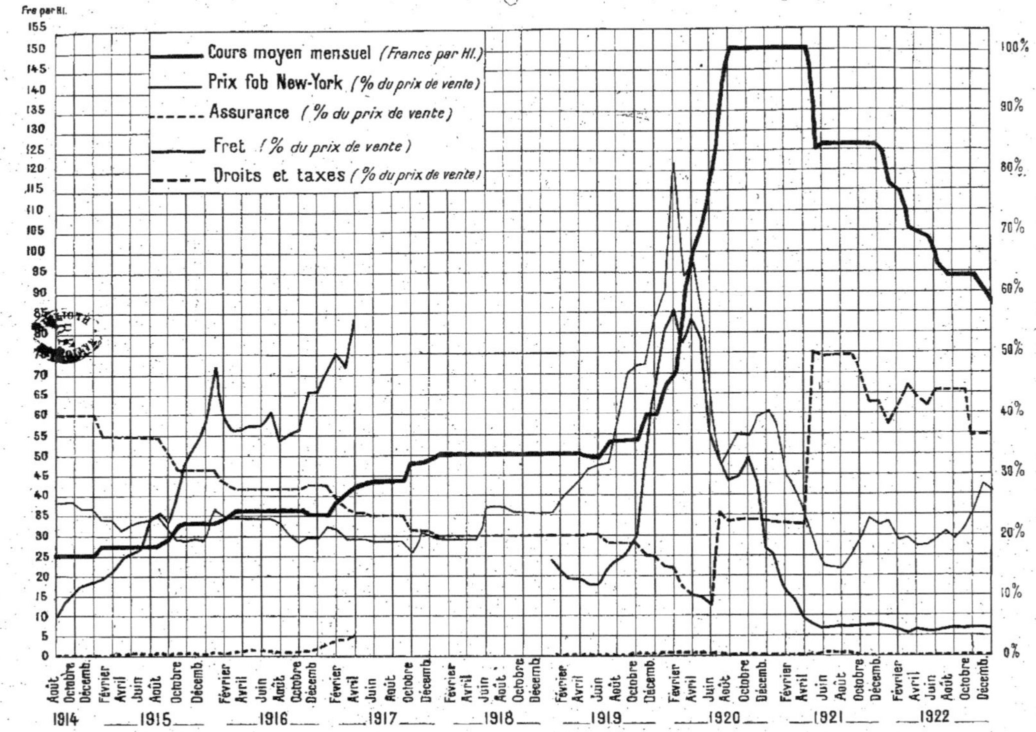

CHAPITRE VI

L'INDUSTRIE DU RAFFINAGE EN FRANCE

La disparition du raffinage en France. — Le pétrole, tel qu'il sort des puits, doit être traité industriellement. La France, qui dépend presque entièrement de l'étranger pour son pétrole, a donc le choix entre deux méthodes : soit acheter à l'extérieur les produits déjà transformés, soit au contraire faire venir du dehors le pétrole brut et le raffiner sur place. Cette dernière méthode a longtemps été pratiquée en France : nous possédions avant la guerre dix-sept raffineries, ayant une capacité annuelle de traitement de près de 500.000 tonnes ; par ces usines ont passé, pendant une longue période, plus de 80 % du pétrole consommé dans notre pays.

Mais à partir de 1904, pour des raisons qui seront exposées dans ce même chapitre, les raffineries cessent de travailler à plein rendement et leur activité faiblit chaque année : à la veille des hostilités, on ne raffinait plus qu'un quart de pétrole brut pour trois quarts de produits importés raffinés. La guerre accentue brutalement cette tendance et, dans ces quatre dernières années[1], les quantités d'huiles brutes introduites ont

1. Les pourcentages des années 1920 et 1921 sont basés sur des importations respectives de brut de 3.700 et 430 tonnes, telles que les indiquent les statistiques des douanes. Mais ces chiffres sont notoirement inférieurs à la réalité. Cet écart tient à ce que, depuis la mise en exercice des usines, les douanes prennent en considération uniquement les produits sortants de l'usine exercée. On peut estimer à un peu plus de 1 % le pourcentage des produits raffinés, extraits, en 1920 et en 1921, du pétrole brut.

été nulles ou négligeables ; le raffinage du pétrole brut en France cesse d'être pratiqué [1].

Des critiques véhémentes ont été adressées aux pétroliers français que l'on rendait responsables de cet état de choses [2] : obéissant à la loi du moindre effort et sans aucun souci de l'intérêt national, les raffineurs français, déclarait-on, ayant un monopole de fait assuré, ont laissé volontairement péricliter leurs industries et, ravalés désormais au rang de commerçants, ils se contentent de revendre en France des produits achetés raffinés à l'étranger.

Sans vouloir entrer dans ce débat qui a un caractère surtout politique, reconnaissons du moins que ces critiques étaient pour le moins exagérées. Le seul fait que la France est dépendante de l'étranger puisqu'elle ne produit que très peu de pétrole sur son territoire, lui rend difficile d'avoir une industrie pétrolière capable de rivaliser avec celle des pays producteurs. Aux États-Unis notamment, l'industrie du pétrole a, comme on le sait, pris une extension considérable. Ce pays, fournisseur d'une partie du monde, et lui-même très gros consommateur, a pu construire des usines gigantesques. Ces usines, situées près des puits, sont ravitaillées en bruts constamment semblables à eux-mêmes, et peuvent être installées de façon à traiter chacune, avec avantages maxima, un certain type de brut. De plus elles disposent de combustibles très bon marché : fuel-oil et même souvent gaz naturels. Enfin ces usines, puisque travaillant pour l'exportation, peuvent atteindre des dimensions

1. Il ne faudrait pas en conclure que les raffineries soient tombées à l'abandon : on n'y traite plus aucun pétrole brut, mais on y travaille encore certains produits importés sales ou mi-raffinés (essences brutes où *topdistiloils*). La fabrication de produits spéciaux ; essences extra-légères pour certaines industries chimiques, essences demi-légères pour l'aviation, white-spirits servant de substitut à l'essence de térébenthine, etc., s'est maintenue et n'est pas sans importance. Il existe aussi plusieurs fabriques de vaseline, dont la plus importante est à Rouen.

2. M. Merlou, rapporteur au budget de 1903, avait soulevé contre les mêmes raffineurs le reproche, quelque peu contradictoire, d'avoir, à l'abri d'une barrière douanière trop élevée, créé une industrie factice.

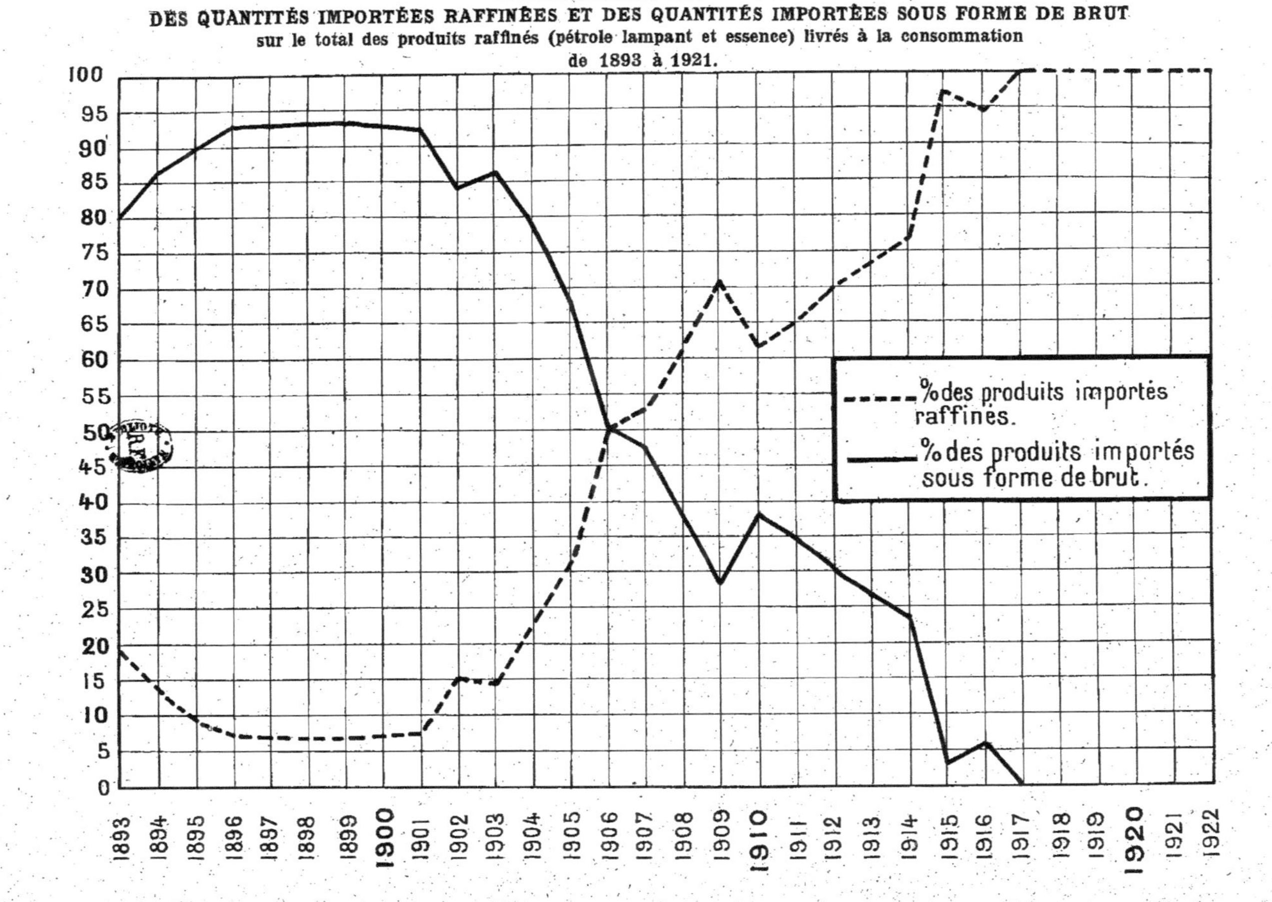
POURCENTAGES RESPECTIFS
DES QUANTITÉS IMPORTÉES RAFFINÉES ET DES QUANTITÉS IMPORTÉES SOUS FORME DE BRUT
sur le total des produits raffinés (pétrole lampant et essence) livrés à la consommation
de 1893 à 1921.
100
95
90
85
80
75
70
65
60
55
50
45
40
35
30
25
20
15
10
5
0
1893
1894
1895
1896
1897
1898
1899
1900
1901
1902
1903
1904
1905
1906
1907
1908
1909
1910
1911
1912
1913
1914
1915
1916
1917
1918
1919
1920
1921
1922
% des produits importés raffinés.
% des produits importés sous forme de brut.

énormes et les frais généraux se trouvent répartis sur un plus grand nombre de tonnes traitées. Un pays tributaire de l'étranger pour ses pétroles bruts n'aurait évidemment pu songer, dans des usines modestes et destinées à satisfaire à la seule consommation intérieure, à obtenir un prix de revient comparable à celui des usines américaines.

Peut-être d'ailleurs, était-il plus avantageux pour la France, — en faisant abstraction des considérations de défense nationale — à une époque où notre industrie pétrolière n'était pas protégée, ou l'était faiblement, de profiter de la division internationale du travail, de ne pas s'obstiner à méconnaître les lois économiques en produisant chez nous des produits raffinés à un prix de revient nécessairement plus élevé que celui des usines américaines mieux outillées. Cette question, il est vrai, touche à un problème économique d'ordre général, dans lequel nous n'avons pas à entrer. Nous concluons simplement qu'étant données ces circonstances de fait, l'industrie du pétrole ne pouvait, en France, se développer sans être protégée. Aussi, comme il est facile de le penser, la prospérité relative et la décadence de l'industrie du pétrole ont-elles été, chez nous, étroitement associées au degré de protection accordé par nos lois douanières.

La protection et les régimes douaniers successifs. — Le moyen naturel de protéger l'industrie du pétrole consiste à frapper à son entrée en France le pétrole brut d'un droit de douane moindre que les produits raffinés : la différence entre les deux taxes constitue la protection. Tel est le système qui fut adopté par les lois douanières successives depuis 1860, date à laquelle remonte la création en France d'une industrie du pétrole [1].

Nous allons examiner quelle marge de protection fut, de la

1. On trouvera exposé d'une façon beaucoup plus complète l'historique du régime douanier des pétroles dans l'excellent ouvrage de M. Maurice GASCHEAU, *La Question des pétroles* (Paris, 1903).

sorte, accordée à notre industrie pétrolière et quelles modifications furent, dans la suite, apportées au degré de protection. (Nous n'envisageons d'ailleurs dans nos calculs que le tarif de douane minimum, puisque c'est presque exclusivement dans les pays bénéficiant de ce tarif que s'opéraient les achats.)

Droits d'entrée par 100 kilos.

			Écart
1° De 1863 à 1864 [1]...	Raffinés............	10 fr.	10 fr.
	Brut................	en franchise	
2° De 1864 à 1871 [2]...	Raffinés............	3 fr. 60	3 fr. 60.
	Brut................	en franchise	
3° De 1871 à 1873 [3]...	Raffinés............	32 fr.	12 fr.
	Brut................	20 fr.	
4° De 1873 à 1881 [4]...	Raffinés............	37 fr.	12 fr. 25.
	Brut (en moyenne)..	24 fr. 75	
5° De 1881 à 1893 [5]...	Raffinés............	25 fr.	7 fr.
	Brut................	18 fr.	

La marge de protection était donc, depuis 1871, assez élevée et elle permit la naissance et le développement de nos raffineries. On pourrait croire que la loi douanière de 1893, qui augmenta dans son ensemble les tarifs sur la presque totalité des articles, releva ou du moins conserva la marge de protection antérieure. Il n'en fut rien :

			Ecart
Loi de 1893 [6].........	Raffiné.	12 fr. 50	3 fr. 50.
	Brut................	9 fr.	

Le tarif, ne tenant pas compte de la différence de rendement des huiles brutes en produits raffinés, excluait par

1. Décret du 16 juillet 1863.
2. Loi de douane du 4 juin 1864.
3. Loi du 8 juillet 1871.
4. Loi du 30 décembre 1873.
5. Loi du 7 mai 1881.
6. Loi du 30 juin 1893.

cela même, pour les huiles à forte teneur en résidus, toute possibilité d'importation. C'eût été le cas des huiles roumaines et russes, si deux conventions signées quelques jours avant le vote de la loi de 1893 (le 16 février avec la Roumanie et le 17 juin avec la Russie) n'avaient admis l'introduction au tarif des huiles brutes d'un produit dénommé *distillat* et ainsi composé : 90 $^0/_0$ de pétrole lampant et 10 $^0/_0$ de résidu ou mazout. Ces conventions avaient pour objet de rétablir l'équilibre rompu par la loi de 1893, cette loi étant basée sur le rendement des pétroles américains. Les distillats, que les spécifications légales condamnent depuis 1907 à ne pas contenir d'essence, ont d'ailleurs perdu tout intérêt depuis que le pétrole lampant n'est plus le produit principal.

Il n'était pas illogique de diminuer la protection en 1893 : une industrie nouvelle a besoin d'une forte protection pour ses débuts ; une fois qu'elle a pris un développement, elle peut continuer à prospérer avec une marge plus faible.

Par la suite, le Parlement ne pouvant modifier les tarifs douaniers à cause des traités de commerce en vigueur, établit une taxe fiscale (Loi de finances du 31 mars 1903, art. 31), dite « taxe de fabrication », de 1 fr. 25 par quintal ou de 1 franc par hectolitre, sur les produits entrant en raffinerie. Il en résulte que, depuis 1904, la protection dont bénéficiait l'industrie pétrolière a été diminuée d'une somme correspondante et réduite à 2 fr. 25 par 100 kilogrammes.

Il faut remarquer que cette protection apparente de 2 fr. 25 est en réalité inférieure à ce chiffre : en effet les 100 kilogrammes de pétrole brut qui payent une taxe (de 9 fr. + 1 fr. 25) = 10 fr. 25, ne donnent après raffinage — et en supposant qu'il s'agisse du traitement d'une huile excessivement riche — que 90 kilogrammes de produits finis (des 10 kilogrammes constituant la différence, une partie correspond aux résidus et l'autre à la perte). Le droit de 10 fr. 25 est donc finalement supporté par les 90 kilogrammes de produits obtenus, de sorte que la taxe réelle sur 100 kilogrammes issus du brut se trouve être en dernière analyse, au lieu de 10 fr. 25, de 100/90e de 10 fr. 25, soit 11 fr. 39.

L'écart compensateur ressort donc à (12 fr. 50 — 11 fr. 39 = 1 fr. 11 les 100 kilogrammes), soit environ 0 fr. 89 l'hectolitre [1].

Cette protection, infime avant la guerre, est devenue dérisoire depuis la diminution de la valeur d'achat de notre monnaie. Pour pouvoir extraire en effet d'un pétrole brut, fût-il le plus riche de Pensylvanie, un pourcentage de produits légers approchant de 90 °/0, le simple procédé de la distillation n'est pas suffisant et il faut avoir recours au *cracking*. Cette opération, qui consiste à dissocier les molécules des hydrocarbures les plus lourds par l'action combinée de la chaleur et de la pression, exige l'emploi d'une quantité considérable de combustible : il ne faut pas moins de 200 kilogrammes de charbon pour distiller et *cracker* une tonne de brut. Au cours actuel de la houille (100 francs la tonne, environ), le traitement de 100 kilogrammes d'huile brute entraîne donc — rien que pour le combustible — une dépense presque égale au double de la marge de protection.

L'application de la taxe de fabrication n'a pas tardé à réagir sur l'industrie du pétrole. C'est de 1904 que date la décadence du raffinage. Cette décadence s'est transformée dans ces dernières années, sinon en une mort absolue, du moins en un état de léthargie qui ne prendra fin que lorsque les lois douanières qui l'ont causée auront été modifiées.

Le régime douanier du pétrole a été complété en dernier lieu par la loi du 5 août 1919. Cette loi, dont le sénateur Henry Bérenger a été l'heureux promoteur, avait principalement pour but de favoriser l'utilisation des fuel-oil, gas-oil et road oil en France, en en permettant l'entrée à des tarifs douaniers extrêmement réduits [2]. La loi de 1919 introduisit

1. En pratique, cette protection était très légèrement plus forte, parce que du résidu on extrayait de la paraffine, du mazout, etc.

2. Voir *suprà*, page 105.

simultanément une autre réforme importante dans notre régime douanier du pétrole (toujours dans le but, hautement désirable, d'encourager la fabrication et, par conséquent, la consommation des huiles combustibles) : renonçant à taxer le pétrole brut d'après une teneur en produits raffinés arbitrairement fixée, elle exonère totalement le brut et ne perçoit les droits que sur les différents produits qui en sont réellement extraits. Pour rendre toute fraude impossible, les raffineurs qui veulent se prévaloir de la loi de 1919 (la loi de 1893 restant toujours en vigueur) doivent soumettre leur usine à l'exercice des agents de la douane.

Le crédit des droits de douane accordé aux huiles brutes à leur entrée dans les usines exercées constitue un régime d'admission temporaire qui confère à la raffinerie les avantages que nous avons déjà signalés pour l'entrepôt [1]. A l'arrivée des huiles brutes dans leur usine, les industriels ont à payer uniquement la taxe à l'importation de 1,10 °/₀ et éventuellement la surtaxe d'entrepôt ou d'origine.

La loi de 1919 [2] autorise également l'admission en usine exercée des huiles raffinées et essences, après paiement préalable des droits d'entrée ; cette disposition s'applique aux produits mi-raffinés, essences brutes, pétroles sales, que l'on est obligé de retraiter. Grâce au passage par l'usine exercée, le raffineur évite de payer la taxe intérieure de 20 francs et la surtaxe de péréquation sur les quantités qui se perdent au cours du raffinage.

Quelle est la protection accordée à l'industrie du raffinage du brut par la loi de 1919 ? Comme les pétroles bruts entrent en franchise dans les usines exercées, la protection se calcule très facilement par la différence entre les taxes perçues sur l'essence et le pétrole importés directement raffinés (10 francs

1. Il n'est pas défendu d'espérer que, si jamais l'industrie du raffinage était appelée à une nouvelle vie, la France pût exporter dans les pays voisins, en Belgique, en Suisse, par exemple, les produits sortant des usines exercées.
2. Article 3, dernier alinéa.

l'hectolitre [1]) et les droits dont sont frappés ces mêmes produits à la sortie de l'usine exercée (9 fr. 10 l'hectolitre, y compris la taxe de fabrication), soit pour nos raffineries un écart compensateur de 0 fr. 90 par hectolitre. Cette protection se trouve donc être pour le pétrole et l'essence pratiquement identique à celle qui résulte, depuis 1903, de la loi de 1893.

Pour les autres produits, résidus, huiles de graissage, paraffines, etc., la loi de 1919 prévoit aussi une certaine protection. La protection dont bénéficie la fabrication des huiles de graissage et des paraffines a d'ailleurs été considérablement renforcée, depuis 1919, par les coefficients de majoration qui sont venus frapper ces produits, quand ils entrent tout raffinés en France [2].

Tableau comparé des droits de douane perçus en application de la loi de 1893 et de la loi de 1919 (au tarif minimum).

PRODUIT	Régime de la loi de 1893. (*Produit importé raffiné*).	Régime de la loi de 1919. (*Produit extrait d'un brut passant en usine exercée*).
Pétrole raffiné et essence.......	10f,00 l'hectolitre	9f,10 l'hectolitre (ou 11f,40 les 100 kilos)
Huiles de graissage............	27f,00 les 100 kilos	8f,00 les 100 kilos
Résidus.......................	0f,40 »	0f,30 »
Paraffine.....................	90f,00 »	21f,00 »
Vaseline......................	168f,00 »	19f,50 »

Il faut souligner l'intérêt de la réforme introduite par la loi

1. La déclaration obligatoire du volume, prescrite par la loi de 1893, n'a pas été maintenue par la loi de 1919 ; les raffineurs peuvent déclarer facultativement au poids ou au volume, l'essence ou le pétrole sortant de l'usine exercée. Le tarif au poids est de 11 fr. 40 les 100 kilogrammes pour l'essence et le pétrole raffinés. La densité-limite au-dessous de laquelle il y a intérêt à faire la déclaration au poids est donc de 0,7982.

2. Les décrets du 9 juin 1921, des 9 janvier et 2 décembre 1922 ne concernent ni les résidus, ni les huiles de graissage, ni les paraffines ni les vaselines sortant des usines exercées, par application de la loi du 5 août 1919. Il est, en effet, de principe que les coefficients de majoration applicables en vertu de la loi du

de 1919 : la possibilité de mettre les usines en exercice est — à moins d'exonérer totalement le pétrole brut — la condition première de la renaissance du raffinage en France. Sous l'empire de la loi de 1893, on ne pouvait songer à importer que des huiles très riches, comme certains pétroles de Pensylvanie ; ces huiles donnent jusqu'à 90 % de produits lampants : mais leur production est très limitée et leur marché très restreint. Grâce au nouveau régime instauré, les raffineurs peuvent acheter des pétroles bruts de n'importe quelle origine et ils n'ont plus qu'à se préoccuper du rendement à un point de vue industriel, et non plus à un point de vue douanier.

La Raffinerie de Pechelbronn. — La Société de Pechelbronn [1] jouit, au point de vue douanier, d'une situation très privilégiée : elle cumule le bénéfice de la protection accordée à la production du pétrole et les avantages réservés aux raffineries françaises.

La marge de protection, afférente à chacun des produits fabriqués par cette société, comprend donc l'intégralité des droits d'entrée dont sont frappés, au tarif minimum, les pétroles, essences, etc., soit :

Pétrole raffiné, essence......	10 francs	l'hectolitre
Huiles de graissage..........	27 —	les 100 kilos.
Paraffine....................	90 --	—

Pour quelque temps encore, s'ajoute à cette marge de protection la surtaxe de péréquation, à laquelle échappent les pétroles et essences produits à Pechelbronn. En revanche, le

6 mai 1916 prorogée ne s'appliquent qu'aux marchandises étrangères, et non aux produits qui, obtenus dans les usines françaises, ne sauraient être assimilés à des produits étrangers.

En ce qui concerne spécialement le coefficient de majoration établi par le décret du 9 janvier 1922, son institution a été motivée par l'intérêt qui s'attache à protéger contre la concurrence étrangère les produits similaires de la Société de Pechelbronn. D'autre part, il importait de rétablir, entre les huiles végétales et les huiles minérales destinées au graissage, l'équilibre tarifaire qui se trouvait rompu du fait de l'application du coefficient de majoration 3 aux huiles végétales (voir le rapport au Sénat de M. Chapsal sur le projet de loi relatif à la ratification du décret du 9 janvier 1922).

1. Voir *suprà*, page 30.

décret du 26 novembre 1920, ratifié par la loi du 26 novembre 1922, a rendu applicable à l'Alsace-Lorraine l'article 31 de la loi du 31 mars 1903 : les huiles brutes entrant en raffinerie payent donc un droit de 1 fr. 25 par 100 kilogrammes.

Nécessité de la protection. — Les facilités accordées par la loi de 1919 sont un premier pas, bien timide encore, vers le relèvement de notre raffinage en pleine décadence. Cette loi a pourtant été l'occasion de polémiques nombreuses. On lui a reproché de maintenir des droits excessifs sur un produit de première nécessité comme l'essence, dont le bon marché favoriserait une autre de nos industries, celle de l'automobile. Et suivant leurs intérêts opposés, publicistes, économistes et hommes politiques, ont combattu, soit la taxe douanière sur les pétroles, soit la protection accordée à notre raffinage.

Il est bien évident que tous les phénomènes économiques sont complexes et touchent à des intérêts multiples : nul ne songe à nier l'avantage qu'il y aurait, en France, à obtenir les carburants liquides à un prix plus réduit. Mais comment concilier les intérêts divergents en présence ?

Une constatation domine d'ailleurs le débat : c'est la tendance actuelle très nette de tous les Etats, en dépit de leurs traditions différentes, à orienter leur politique vers la protection. La France a des raisons particulières de se garantir aujourd'hui contre la concurrence étrangère : du fait de la guerre, sa situation économique s'est modifiée à son détriment pour de multiples raisons. Pendant les hostilités, il a été impossible d'entretenir convenablement le matériel et, au lendemain de l'armistice, il a été difficile de se procurer les machines nécessaires. D'autre part, le prix d'achat de l'outillage est aujourd'hui tel que l'industriel, qui voudrait reconstituer son outillage usé ou démodé, devrait incorporer des capitaux énormes dans son entreprise, capitaux dont l'amortissement greverait fortement son prix de revient.

D'un autre côté, nos charges fiscales pèsent durement sur notre production nationale. Faut-il rappeler que la France est, de tous les pays alliés, un de ceux qui doit aujourd'hui subir les plus lourds impôts? La protection générale de l'industrie est donc de toute nécessité en France, et il n'y a aucune raison d'excepter de cette mesure l'industrie du pétrole.

Ou bien — il n'aurait jamais fallu autrefois faire naître et développer nos raffineries et rester les clients des grandes usines américaines — ou bien, le législateur doit aujourd'hui continuer l'œuvre commencée et protéger encore des entreprises qu'il a, par plusieurs fois successives, appelées à la vie et encouragées.

La pire des politiques est celle qui consiste à favoriser par une protection douanière la naissance d'une industrie nationale, à inciter dans les premiers temps de sa création l'afflux des capitaux et de la main-d'œuvre, pour venir quelques années plus tard — quand les capitaux sont incorporés et la main-d'œuvre spécialisée — retirer la protection et vouer l'industrie à la mort.

Le grand danger des démocraties, c'est l'inconstance de ses législateurs : c'est un mal profond. Quand il ne s'agit que de la création ou de la suppression d'un sous-secrétariat d'État, hier nécessaire et aujourd'hui inutile, le contribuable peut se contenter de sourire. Mais lorsqu'est en jeu l'existence même d'une industrie, liée à la prospérité générale, les législateurs sont moralement tenus de donner une certaine stabilité à nos lois et à ne pas faire naître aujourd'hui une industrie qu'il leur plaira de ruiner demain.

Pourquoi une industrie du raffinage est nécessaire en France. — L'existence d'une industrie du raffinage du pétrole présente tout d'abord un intérêt incontestable au point de vue de la défense nationale; cette considération ne doit-elle pas primer toutes les autres?

L'expérience de la guerre a démontré l'impérieuse nécessité

qu'il y a d'avoir en France des installations de raffinage. C'est grâce à ces usines qu'on a pu traiter les essences brutes de Bornéo[1].

C'est aussi dans les raffineries que l'on distillait les essences d'aviation, sans lesquelles notre suprématie aérienne n'eût pu s'affirmer.

Mais en se plaçant sur le terrain purement économique, on peut également grouper de nombreux arguments en faveur du raffinage en France.

En dehors même de l'intérêt qui s'attache à la rémunération d'importants capitaux immobilisés et à l'entretien des ouvriers qu'elle occupe, l'industrie du raffinage du pétrole constitue un débouché qui est loin d'être négligeable pour d'autres produits de fabrication française : le raffinage chimique du pétrole et de l'essence exige d'importantes quantités d'acide sulfurique, de soude, de litharge, etc. et concourt de la sorte à la prospérité de notre industrie chimique. Par ailleurs, les raffineurs qui doivent renouveler, améliorer et moderniser leur outillage, sont les clients naturels de plusieurs autres industries françaises.

Toutes les industries d'un pays sont d'ailleurs dans une certaine mesure solidaires, et porter atteinte à l'une c'est souvent nuire à beaucoup d'autres.

Intéressante par ce qu'elle consomme, l'industrie du raffinage du pétrole ne l'est pas moins par ses sous-produits : les résidus de la distillation, gas-oil et fuel-oil, servent à l'alimentation des moteurs Diesel et des brûleurs à huile combustible; le fonctionnement intensif de nos distilleries jetterait donc sur le marché de grosses quantités d'huiles combustibles, dont le bas prix aurait vite fait de généraliser l'emploi.

D'autres considérations, d'un ordre plus général, militent en faveur du maintien en France d'une industrie du pétrole : les grands trusts exercent aujourd'hui, du moins encore pour

1. Voir *suprà*, page 56.

quelque temps, leur emprise dictatoriale beaucoup plus sur le transport et le raffinage du pétrole que sur sa production[1]. Les producteurs indépendants sont en Amérique nombreux et certains sont très puissants : si pour l'achat de pétrole brut on s'adresse à eux, on peut éviter de passer par les fourches caudines de la Standard, de la Royal ou de l'Anglo-Persian. D'autre part, la liste des pays producteurs de pétrole s'allonge tous les ans : l'usine de raffinage n'est pas encore debout quand on découvre un nouveau gisement ; on hésite d'ailleurs à édifier cette raffinerie, coûteuse à construire et qui peut devenir brusquement inutile si les puits, à l'existence toujours précaire, diminuent leur débit. Dans les gisements nouveaux, il s'écoulera donc souvent un intervalle de plusieurs années, au cours duquel de grosses quantités de pétrole brut seront disponibles, et à un cours évidemment plus bas que dans une région déjà peuplée de raffineries.

Au point de vue de notre dette extérieure et du rétablissement de notre crédit, nos raffineries de pétrole peuvent d'ailleurs jouer un rôle qu'il ne faut pas mépriser. L'achat d'huiles brutes, en Amérique par exemple, est naturellement moins onéreux que l'achat de produits raffinés, puisqu'il ne comprend ni les frais de traitement ni le bénéfice du raffineur américain. Elles peuvent donc, si elles travaillent, contribuer, dans une certaine mesure, à améliorer la balance de nos comptes avec les États-Unis.

Enfin, en s'adonnant au raffinage de l'huile brute, la France ne ferait qu'entrer dans la voie que lui ont tracée les plus gros consommateurs de pétrole[2] : pourquoi notre pays ne suivrait-il pas l'exemple que l'Angleterre est en train de lui donner?

1. En 1919, d'après la *Federal Trade Commission* américaine, les Compagnies affiliées à la Standard ont contribué pour 23,1 % à la production de l'huile brute, tandis que ces mêmes compagnies avaient traité dans leurs raffineries 43,8 % du pétrole travaillé en Amérique.

Quant aux pipe-lines principales, 69 % étaient, en 1920, entre les mains de la Standard et de ses filiales (J.-E. Pogue, *op. cit.*).

2. Voir chapitre I, p. 13.

Réponse à quelques objections. — Contre le rétablissement du raffinage en France, on a fait valoir quelques objections qu'il faut examiner.

La convention de San Remo, a-t-on dit, qui nous met à la merci de l'Angleterre pour le pétrole, nous fait perdre l'espoir de posséder jamais des exploitations pétrolifères importantes et réduit à peu de chose l'intérêt de nos raffineries de pétrole. Nous n'avons pas à faire ici la critique de l'accord du 24 avril 1920, et à rechercher si nos diplomates ont ou non obtenu la part légitime qui nous revenait, et nous nous contenterons de rappeler que l'accord de San Remo associe, non sans quelques pénibles restrictions, la France et la Grande-Bretagne dans les exploitations de pétrole de Roumanie, d'Asie-Mineure, des colonies, etc.

Comme, ajoutent les adversaires du raffinage, nous ne possédons pas d'outillage de forage approprié et que nous sommes démunis de techniciens pour faire les prospections et les recherches, ce seront en fait les Anglais qui auront la direction technique et par conséquent la maîtrise des exploitations pétrolifères franco-britanniques. C'est malheureusement possible : les Anglais ont à ce point de vue sur nous une incontestable supériorité, mais la France est en train d'essayer de regagner ce retard : grâce à des initiatives privées (émanant de la Société de Pechelbronn, de la Société de Limanowa), des efforts très méritoires sont faits pour former parmi les anciens élèves des grandes Écoles, des géologues et des ingénieurs spécialistes du pétrole. Quoi qu'il en soit, les sociétés franco-britanniques, nées ou à naître, produiront cependant du naphte et, tout en renouvelant le regret, hélas superflu, que ce naphte n'ait pas été extrait par une société purement française, il n'en pourra pas moins alimenter nos usines en France.

Cependant un espoir nous reste, bien faible à vrai dire, c'est celui de découvrir sur notre sol ou dans nos colonies des gisements de pétrole. On ne peut pas affirmer avec certitude que notre sous-sol ne recèle pas d'hydrocarbures liquides et il est prudent, au point de vue national, de maintenir l'activité des raffineries, qui peuvent, du jour au lendemain, trouver dans la production française des ressources imprévues.

Vers un nouveau régime de protection. — Nous croyons avoir démontré l'intérêt qu'il y a à maintenir, ou plutôt à revivifier l'industrie du pétrole, et la nécessité absolue — si on veut réaliser ce but — d'entourer cette industrie d'une protection à la fois stable et suffisante. Aussi partisan que l'on soit de cette réforme, il ne faut pas se dissimuler que la mise en pratique de cette politique n'irait pas sans heurter des intérêts opposés. Pour renforcer l'écart compensateur entre la matière première et le produit fini, il faut, soit admettre le pétrole brut en franchise, soit majorer les droits sur le pétrole lampant et l'essence. Dans la première hypothèse, le Ministère des Finances opposerait vraisemblablement son veto à une mesure qui enlèverait au Trésor une partie de ses ressources, et dans l'autre hypothèse, les consommateurs ne protesteraient pas avec moins d'énergie contre la hausse inévitable des prix qui en résulterait.

Pour compliquer les choses, observons que le droit sur les pétroles bruts revêtait à son origine un caractère purement fiscal : il rentre désormais dans la catégorie des droits protecteurs, depuis que les gisements de Pechelbronn ont fait retour à la France. La suppression ou la réduction de la taxe sur les pétroles bruts risquerait d'ébranler les assises de cette industrie, intéressante à plus d'un titre.

Il n'est pas défendu d'espérer que les différents intéressés réussissent à se mettre d'accord sur une formule transactionnelle. La solution suivante a été, croyons-nous, envisagée à un certain moment dans les sphères officielles et eût donné satisfaction aux raffineurs et à l'État : on consoliderait la dernière fraction qui subsiste de la surtaxe de péréquation, et le produit de cette surtaxe servirait à combler le déficit creusé dans les finances publiques par le dégrèvement, total ou partiel, du pétrole brut. Mais depuis lors, on s'est mis à préparer la naissance du carburant national. Point de berceau trop doux pour ce futur champion de notre indépendance économique ; c'est donc désormais en faveur de l'alcool qu'on projette de maintenir la surtaxe de péréquation.

Le projet du Gouvernement du 12 avril 1921, relatif au régime du pétrole, ne s'est pas désintéressé de la question du raffinage : son article 5 prévoit la suppression de la taxe de fabrication de 1 fr. 25 par 100 kilogrammes, établie par la loi du 31 mars 1903. Il ne faut voir dans ce projet qu'une simple indication : le Ministre du Commerce a reconnu lui-même que cette exonération serait insuffisante pour permettre aux raffineurs de travailler utilement, et avec un profit raisonnable, le pétrole brut [1].

Quel que soit le procédé par lequel on décidera d'augmenter l'écart compensateur entre le pétrole brut et les produits raffinés, il faudra fixer le montant de cet écart. Problème délicat entre tous : la différence entre les cours des bruts et du raffiné n'est pas toujours la même en Amérique. Les frais de traitement des divers bruts varient considérablement: sur quel type de brut faudra-t-il calculer les frais de distillation et de raffinage? Différents systèmes ont été proposés, mais aucun n'est sans défaut. La méthode la plus simple consisterait, semble-t-il, à tenir compte — comme on l'a fait pour l'ensemble de notre tarif douanier — de la dépréciation actuelle de la valeur d'achat de notre argent ; on multiplierait par le coefficient 3 ou 4 l'écart de 3 fr. 50 établi par la loi de 1893.

On s'en remettrait pour l'avenir — si l'on appréhende une nouvelle diminution de la valeur du franc-papier ou si l'on en espère le relèvement — à la discrétion du législateur, à moins qu'on ne préfère faire varier automatiquement le

1. Rapport fait au nom de la Commission des Mines et de la Force motrice, par M. Maurice Ajam, député (Chambres des députés, annexe au procès-verbal de la deuxième séance du 30 juin 1921).

taux du coefficient adopté (tous les ans ou tous les six mois, par exemple), d'après les fluctuations du change du dollar.

L'industrie du raffinage en Europe. — On ne comptait avant la guerre que deux pays, non producteurs de pétrole, possédant sur leur territoire une industrie du raffinage : la France et l'Espagne. Tous les autres pays : Angleterre, Allemagne, Italie, etc., recevaient l'essence et le pétrole prêts à être livrés à la consommation.

ESPAGNE. — C'est, comme en France, à l'abri d'un régime de protection douanière, que le travail du pétrole brut avait réussi à se développer en Espagne : l'essence et le pétrole étaient frappés à leur entrée d'un droit de 10 pesetas par 100 kilogrammes; le pétrole brut ne supportant qu'un droit de 5 pesetas, il en résultait une marge de 90 centièmes de 5 pesetas, soit 4,50 pesetas. Cette protection, que les raffineurs espagnols estimaient insuffisante, semble à première vue avoir été renforcée par l'*arancel* du 16 février 1922, qui prévoit (pour des pays ayant signé un accord commercial) des droits[1] respectifs de 15 et 14 pesetas sur l'essence et le pétrole, et de 8 pesetas les 100 kilogrammes sur le pétrole brut léger ; il ressort en effet un écart compensateur de 6 à 7 pesetas. Mais, en fait, le taux de la protection a diminué : autrefois on importait du pétrole brut « suressencié », c'est-à-dire artificiellement enrichi par addition d'essence. Le nouveau tarif de douanes, par les spécifications précises qu'il impose au pétrole brut, a mis un terme à cette pratique. Qu'est-il résulté de l'application du nouvel arancel? Exactement ce qui s'est passé en France : les raffineurs espagnols, ayant calculé qu'ils ne retiraient plus du traitement du pétrole brut qu'un bénéfice minime ou même négatif, ont fait éteindre leurs chaudières

1. Non compris le *recargo* ou agio, qui, au mois d'août 1922, s'élevait à 22 %.

et, depuis le printemps de 1922, l'Espagne n'importe plus que des produits finis.

ANGLETERRE. — L'Angleterre, après s'être longtemps cantonnée dans l'achat de produits raffinés, vient d'entrer résolument dans le chemin que nous avons abandonné et elle a réalisé avec une rapidité prodigieuse le rêve ambitieux de créer chez elle, de toutes pièces, une puissante industrie de raffinage. Trois chiffres témoigneront des progrès accomplis : les importations d'huile brute se sont élevées successivement à 16.000 tonnes en 1920, 380.000 tonnes en 1921 et plus de 800.000 tonnes en 1922.

L'Anglo-Persian est à la tête de ce mouvement; elle termine actuellement la construction de sa raffinerie de Llan darcy, près de Swansea, sur l'estuaire de la Severn. La capacité de traitement de cette usine qui, avec ses dépendances, s'étend sur plus de 270 hectares, n'est pas inférieure à 3.000 tonnes par jour.

Alors que l'Anglo-Persian alimente sa raffinerie au moyen d'importations d'huiles brutes de Perse, l'Agwi (Atlantic Gulf and West Indies) entreprend de son côté et sur une échelle beaucoup plus modeste, la création d'une raffinerie où elle se propose de traiter des pétroles du Mexique au moyen d'un nouveau procédé.

L'Angleterre, dernier et bien fragile rempart du libre échange, n'a pas jugé opportun d'accorder de protection au raffinage du pétrole. Cette industrie se trouve, il est vrai, favorisée par le bon marché du charbon, le coût du combustible étant un des facteurs les plus importants dans le prix de revient de la distillation.

D'autre part, l'Anglo-Persian, de même que l'Agwi, détiennent, en tant que sociétés productrices, une situation privilégiée, puisqu'elles peuvent abandonner une partie de leurs bénéfices de producteurs, pour compenser éventuellement le prix de revient trop élevé du raffinage. L'Anglo-Persian est en outre dans une condition un peu spéciale : elle dispose en Perse d'une production très importante et peut difficilement y installer de grandes usines ; Abadan est en effet d'un accès malaisé, jouit d'un climat malsain et ne possède qu'une main-d'œuvre rare. C'est surtout de ces trois dernières considérations qu'est née la raffinerie de Llandarcy.

CHAPITRE VII

LE RÉGIME INTÉRIEUR DU PÉTROLE EN FRANCE

I. — INTERVENTION DE L'ÉTAT DANS LE COMMERCE DU PÉTROLE

Le consortium. — Nous n'entreprendrons pas ici un historique complet et détaillé du régime du pétrole pendant la guerre ; cette question a été traitée avec compétence dans des ouvrages bien connus [1]. Aussi arrêterons-nous seulement notre attention sur l'intervention de l'État en matière purement commerciale [2].

L'État a, pendant plusieurs années, exercé une véritable

1. Henry Bérenger, *Le pétrole en France* (Paris, 1920). — *La politique du pétrole* (Paris, 1920). — Le rôle que leur auteur a joué dans le cours des événements donne à ces ouvrages un caractère particulièrement documenté, et le lecteur trouvera sous la plume du très distingué sénateur de la Guadeloupe plus qu'une tentative d'apologie de sa politique. — Voir aussi Ghéciu (Basile), *La politique du pétrole en France*, thèse pour le Doctorat (Paris, 1921), et Charles Pomaret, *op. cit.*

2. Nous avons brièvement résumé le *statut administratif* des pétroles durant et depuis la guerre :

Comité général du pétrole, créé par le décret du 13 juillet 1917. Ce comité, placé sous la présidence de M. Henry Bérenger, ne jouissait que d'attributions purement consultatives et ne possédait aucun pouvoir d'exécution.

Commissariat général aux essences et combustibles, institué par le décret rendu en conseil des ministres du 21 août 1918. Les pouvoirs très étendus attribués à cet organisme faisaient du titulaire du Commissariat général un véritable dictateur des pétroles. Un décret du Ministre du Commerce du 21 août 1918 désignait M. Henry Bérenger pour remplir les fonctions de commissaire général.

Supprimé le 19 janvier 1920, le Commissariat fut rétabli par le décret du 2 juin

mainmise sur le commerce des pétroles au moyen du *consortium pétrolier*. Cet organisme a joué un rôle important pendant la guerre et dans la période qui l'a immédiatement suivie. Bien que sa liquidation date déjà de près de deux ans, il n'appartient pas encore entièrement au passé, puisque la répartition des bénéfices nominaux réalisés par cet organisme n'est pas encore opérée et que la surtaxe de péréquation, à laquelle son fonctionnement a donné naissance, continue à être perçue.

C'est en décembre 1917 que s'engagèrent les premiers pourparlers en vue de la constitution du consortium pétrolier. Il n'est pas sans intérêt de rappeler les circonstances qui ont présidé à la formation de cet organisme.

Pendant les trois premières années de la guerre, l'industrie du pétrole avait pu satisfaire sans défaillance, et malgré des difficultés inouïes, à tous les besoins de la consommation militaire et civile. En 1917, la situation s'assombrit sur le *front du pétrole :* l'Amérique entre en guerre et refuse de vendre son pétrole à des particuliers; elle réquisitionne également tous ses bateaux-citernes au moment où la guerre sous-marine, qui bat son plein, a réduit la flotte pétrolière française de 40 %. C'est alors que les raffineurs français demandèrent au Gouvernement son intervention, et il ne fallut pas moins que la voix éloquente de M. Clémenceau pour obtenir du Président Wilson l'essence et le tonnage nécessaires.

C'est ce que des hommes politiques, prompts à se décerner des lauriers, et des partis hostiles par principe à toute entre-

de la même année, sous la dénomination de **Commissariat général aux essences et pétroles.** Au lieu de dépendre du Ministère de l'Agriculture et du Ravitaillement, il était désormais rattaché au Ministère des Travaux publics, ou plus exactement, au Sous-Secrétariat d'État des Mines et des Forces hydrauliques. Le poste de Commissaire aux essences et pétroles fut confié à M. Laurent Eynac.

Direction générale des essences et pétroles. Le Commissariat fut définitivement supprimé en février 1921 (loi sur le douzième provisoire de mars 1921, article 8) et les attributions qui étaient dévolues au Commissaire général sont maintenant exercées par le Ministre du Commerce et de l'Industrie. Une Direction générale des essences et pétroles, dépendant du Ministère du Commerce et à la tête de laquelle se trouve M. l'intendant Pineau, veille désormais au fonctionnement du régime instauré par la loi et à l'étude de toutes les questions relatives au pétrole.

prise commerciale florissante ont appelé la « carence » des raffineurs. Il semble cependant qu'une situation exceptionnelle, qui bouleverse la marche normale d'un commerce ou d'une industrie, dépasse l'initiative des particuliers et légitime l'aide demandée aux Pouvoirs publics ; autrement il faudrait adresser le même reproche de carence aux cultivateurs algériens dont les récoltes, faute de moyens de transport, s'entassaient en 1918 sur le quai des gares, ou à nos industriels qui, pour la fabrication des armes et des munitions, ont dû solliciter du Haut Commandement la mise en sursis des ouvriers spécialisés.

Les négociations entamées entre le Ministre du Commerce et les différents raffineurs aboutirent, le 29 mars 1918, à la conclusion d'un contrat. Ce contrat, qui était conclu « pour la durée de la guerre, plus une période de six mois après la signature du traité de paix », avait pour objet la création d'un *consortium pétrolier*. Voici, en quelques mots, quelle était la teneur de ce contrat : l'État se réserve le droit d'importer lui-même la totalité des essences et pétroles introduits en France et approvisionne le consortium constitué par le groupement des différents raffineurs. Les raffineurs sont chargés de la vente des essences et pétroles, à des prix fixés par le Ministère du Ravitaillement (prix qui laissent aux raffineurs, par rapport au prix d'achat au consortium, une marge forfaitaire de profit de *n* francs par hectolitre) ; mais ils n'ont droit à aucune part sur les bénéfices éventuellement réalisés par le consortium. Il résulte donc de ce contrat un double monopole : monopole d'achat au profit de l'État, monopole de vente au profit des raffineurs.

Le consortium pétrolier n'a pas été pendant la guerre l'unique manifestation de cette forme spéciale d'intervention gouvernementale : ont fonctionné également le consortium cotonnier pour l'achat et la revente du coton, le consortium de l'huilerie française pour l'achat et la répartition des graines oléagineuses, etc. Le consortium est une création originale de la guerre, née de la guerre, une institution qu'on n'a pas encore réussi à faire rentrer dans le cadre des organisations légales traditionnelles[1]. Nous laisserons à la doctrine le soin de trancher cette question de technique juridique, et nous nous bornerons à indiquer au passage que la création des consortiums souligne bien le caractère de l'évolution du Droit, qui doit sans cesse se conformer et s'assouplir aux besoins économiques de la société, eux-mêmes en transformation constante.

Portant en partie le caractère d'une institution d'État, les consortiums participent à tous les défauts de ces organisations. L'existence même d'un consortium semblable au consortium pétrolier, fait surgir une question délicate, celle de la légalité des bénéfices réalisés ; car en somme, si on pénètre la nature intime des choses, ces bénéfices ne sont qu'une forme déguisée d'impôt et cet impôt, contrairement à toutes les traditions de notre droit public, a été perçu sans vote préalable du Parlement. C'est un fait du Prince. L'aveu officiel de l'atteinte ainsi apportée aux fondements de notre constitution est venu de la bouche même de M. Antoine Borrel, alors sous-secrétaire d'État des Mines et des Forces hydrauliques[2]. « En ce qui les concerne », a-t-il déclaré à la tribune de la Chambre, « *les bénéfices résultant des plus-values forfaitaires ne sont autre chose que des taxes* qui sont incorporées dans le prix de vente de l'État au consortium et du consortium

1. Léon Polier, *L'origine des Consortiums*, l'Europe nouvelle, 4 mai 1918, cité par Bassetti (*Les Consortiums*, thèse pour le doctorat, Paris, 1919) donne du consortium cette excellente définition : « Un consortium est un organisme complexe qui a pour objet de grouper l'ensemble des industriels qui traitent une certaine matière première et de soumettre absolument ces industriels à l'action et au contrôle de l'État en ce qui concerne l'achat de ces matières premières. Le consortium proprement dit est une espèce de société par actions, une sorte de coopérative qui a pour actionnaires les membres d'une industrie déterminée, et qui passe avec l'État un contrat en vue d'obtenir de lui, à certaines conditions, les produits dont l'industrie a besoin pour fonctionner ».

2. Chambre des députés, 2e séance du 26 avril 1920, *Journal officiel* du 27 avril. — Sur le fonctionnement et la comptabilité du consortium et l'origine des bénéfices du consortium, lire le lumineux exposé paru dans la *Revue politique et parlementaire* du 10 août 1920 : « La question des Pétroles et la Politique du Consortium ». L'article n'est pas signé, mais l'anonymat est transparent.

aux raffineurs. Par suite, les bénéfices du consortium sont d'autant plus élevés que les taxes sont elles-mêmes plus élevées, mais il est de toute évidence que ces bénéfices sont prélevés, non sur l'importateur, mais surtout sur le consommateur, puisqu'ils ne résultent pas d'un avantage quelconque sur le prix d'achat ou sur le fret ».

Le consortium étant création de l'État, les bénéfices ou, pour mieux dire, les pseudo-bénéfices, qu'il a réalisés, ont pu être, dans la suite, soustraits à tous les aléas des opérations commerciales. C'est ce que l'expérience ne devait que trop fâcheusement démontrer. Le régime du consortium arrivait à expiration le 30 avril 1921[1]. Par une coïncidence malheureuse, cette échéance tombait en pleine période de baisse, et les stocks possédés par le consortium[2] avaient, depuis la date de leur constitution, subi une dépréciation de plus de 40 $^0/_0$.

Supposons un instant que le consortium eût été une société privée, entrant en liquidation, quel eût été son bilan ? Il se serait traduit en définitive par la différence entre la perte à supporter sur la vente du stock et le total des bénéfices antérieurement accumulés : en l'espèce, le déficit qui se montait — ainsi que l'avenir le prouva — à 173 millions, eût absorbé et au-delà le profit réalisé. Ce mode de calcul était peu satisfaisant pour l'État ; il adopta donc une autre méthode de comptabilité qui, comme on l'a dit spirituellement, si elle s'était généralisée, eût évité à maints commerçants l'ennui du règlement transactionnel. Les bénéfices encaissés par l'État furent, par la vertu d'un axiome, déclarés intangibles et définitivement acquis à leur détenteur ; quant aux pertes, il eût été au-dessous de la dignité de l'État de les subir ; pour

1. Voir *infrà*, page 154.
2. Le 30 avril 1921, l'État possédait en stock :

Pétrole ordinaire	84.924	tonnes
Pétrole de luxe	14.979	—
Essence poids-lourds	83.833	—
Essence tourisme	31.530	—

(Avis présenté à la Chambre, le 23 février 1922, par M. Leboucq au nom de la Commission des Finances.).

amortir ces pertes, quoi de plus simple que de créer un nouvel impôt? Ainsi naquit la surtaxe de péréquation[1], et ainsi survécurent miraculeusement les 90 millions de bénéfices dont s'enorgueillissent État et Étatistes.

Nous avons vu ce qu'il était advenu de la surtaxe de péréquation. Quant aux bénéfices du consortium, leur affectation n'est pas encore résolue et ils font naturellement l'objet de nombreuses convoitises[2].

Le régime provisoire du pétrole. — Nous avons dit plus haut que le consortium n'avait été dissous que le 1er mai 1921. Le régime du monopole d'État qui, d'après le contrat du consortium, eût dû prendre fin le 23 avril 1920, six mois après la cessation des hostilités, a été en effet prorogé une première fois, par l'article 106 de la loi de Finances du 25 juin 1920[3], puis jusqu'au 1er juin 1921 par la loi portant ouverture d'un douzième provisoire pour avril 1921, finalement jusqu'au 1er juillet 1921 par l'article 74 de la loi du 30 avril 1921[4]. Cette dernière loi, tout en fixant le terme du 1er juillet, prévoyait cependant le retour possible à la liberté dès le 1er mai. Le décret du 7 mai 1921 règle les conditions dans lesquelles

1. Voir *suprà*, page 113.

2. L'article 5, § 2 du contrat du consortium était ainsi rédigé : « L'actif net sera remis entre les mains de l'État, lors de la liquidation de la société, pour être employé dans l'intérêt public, en temps utile, en vue de l'amélioration des conditions générales de l'industrie pétrolifère en France, dans les colonies et pays de protectorats. » A qui les millions du consortium seront-ils attribués? La plus grosse part du gâteau est naturellement réservée au futur Office ou Institut du Pétrole. Quels seront les autres bénéficiaires? Les sinistrés français de Roumanie (sociétés productrices de pétrole), entre autres compétiteurs, ont demandé que leur fût attribuée une certaine somme, à titre d'avance sur leurs dommages de guerre.

3. Le Gouvernement, dans la séance de la Chambre du 26 avril 1920, avait d'abord déposé un article 135 qui instituait le régime de la liberté pure et simple, sous la seule réserve de l'autorisation préalable. Cet article se heurta à l'opposition de la Chambre ; retiré par le Gouvernement, il fut remplacé par un autre qui, voté par la Chambre dans la séance du 28 avril 1920, devint l'article 106.

4. La prorogation, par le moyen d'une loi, d'un régime né d'un contrat synallagmatique, est une de ces hardiesses juridiques auxquelles le Parlement ne nous a, depuis la guerre, que trop souvent accoutumés.

les licences d'importation, seules entraves au régime de liberté, seront accordées. Ces conditions sont triples : 1° acheter sur les stocks de l'État une quantité égale à ses importations; 2° entretien d'un stock de réserve, au moins égal au quart des quantités dédouanées au cours des douze mois précédents, ou au quart des importations, s'il s'agit d'un nouvel importateur[1]; 3° payement, sur les quantités achetées ou importées, d'une surtaxe de péréquation de 30 francs par hectolitre[2].

La loi du 9 juillet 1921 a consolidé le décret du 7 mai 1921 et maintenu jusqu'au 1er janvier 1922 le régime provisoire des pétroles. A son tour, la loi de Finances du 31 décembre 1922, article 123, a prorogé ce régime provisoire jusqu'à l'entrée en vigueur du régime définitif d'importation du pétrole.

La loi sur le régime du pétrole n'étant pas venue en discussion devant le Parlement au cours de l'année 1922, on se trouve vivre en février 1923, et peut-être pour plusieurs mois encore, sous l'empire du régime provisoire[3].

1. « Toutefois le stock de réserve sera réduit à un dixième pour les importateurs qui importeront moins de 200 tonnes par mois et qui justifieront livrer directement à la consommation du détail les produits importés sans transformations industrielles et sans intermédiaires. » (Loi du 9 juillet 1921, article 1er, 2e alinéa.)

2. Il n'est pas tout à fait exact d'affirmer, comme nous l'avons fait, que le décret du 7 mai 1921 ait créé la surtaxe de péréquation : en effet la création d'une taxe par un décret va à l'encontre de l'article 106 de la loi de Finances du 30 avril 1921 ; cet article assimile au crime de concussion l'établissement ou la perception de contributions, à quelque titre que ce soit, non autorisés par les lois. La difficulté a été tournée au moyen d'un raisonnement dont, selon les tempéraments, on admirera la subtilité ou l'élégance : s'il est interdit de prélever un droit spécial sur les pétroles importés, rien n'empêche de *majorer* plus ou moins le prix de vente des stocks — l'État n'est-il pas libre de vendre la marchandise qui lui appartient au prix qui lui convient ? — Tout acheteur de stock payera donc les cours du jour, comprenant la prime d'amortissement de 30 francs. Quant aux importateurs, ils n'obtiennent délivrance de leur licence que s'ils reprennent à l'État une quantité équivalente à celle qu'ils veulent importer, et sur laquelle ils payent une *double prime* d'amortissement.

3. La liquidation des stocks d'État a été terminée le 15 juillet 1921 pour l'essence. Pour le pétrole, la liquidation n'a été achevée qu'en janvier 1922 (Avis du Ministre du Commerce et de l'Industrie, *Journal Officiel* du 11 janvier 1922). En égard à la consommation, les stocks de pétrole étaient proportionnellement plus élevés que les stocks d'essence et, d'un autre côté, l'État français a dû prendre livraison de plusieurs cargaisons de pétrole roumain, cédées en payement d'armements fournis à la Roumanie.

II. — LE FUTUR RÉGIME DU PÉTROLE

De nombreuses propositions de loi tendant à réglementer le régime intérieur du pétrole ont été déposées depuis la guerre[1] devant le Parlement[2]. Bien que de natures très diverses, on peut les classer[3] suivant la conception qui les a inspirées sous

1. Avant la guerre cette question avait, quoique à un moindre degré, arrêté l'attention des parlementaires : rappelons pour mémoire le projet de création d'un monopole élaboré par MM. André Berthelot et Marcel Sembat en 1902, et la proposition de loi de Monzie (15 janvier 1914) qui répondait, quant à la forme, au type de la régie intéressée, mais dont le but avoué était d'exercer un droit de regard sur les affaires des raffineurs.

2. Les sénateurs, à part naturellement M. Henry Bérenger, se désintéresseraient-ils du régime des pétroles? On serait enclin à le croire, aucune des propositions de loi relatives à cette question, hormis celle de l'ancien Commissaire aux essences et combustibles, n'émanant d'un membre de la Haute Assemblée.

3. Nous avons aussi classé d'après un ordre chronologique les principaux documents parlementaires relatifs au régime du pétrole :

28 *septembre* 1916 (Annexe au procès-verbal de la séance du). *Proposition de loi* attribuant à l'Etat le monopole de l'importation et du commerce, présentée par *M. Édouard Barthe*, député (Chambre des députés, n° 2533).

14 *juin* 1919 (Annexe au procès-verbal de la séance du). *Proposition de loi* concernant l'organisation nationale de la production et du ravitaillement de la France en pétrole, essence, huiles lourdes et autres produits pétrolifères et combustibles liquides de toute nature, présentée par M. *Henry Bérenger*, sénateur (Sénat, n° 201).

7 *décembre* 1917 (Annexe au procès-verbal de la séance du). *Proposition de loi* tendant à l'établissement des monopoles du sucre, de l'alcool et du pétrole, par M. *Henri Connevot*, député (Chambre des députés, n° 4033).

10 *janvier* 1918 (Annexe au procès-verbal de la séance du). *Proposition de résolution* invitant le gouvernement à se substituer au commerce privé du pétrole, présenté par MM. *Queille* et *Laurent Eynac*.

26 *février* 1918 (Annexe au procès-verbal de la deuxième séance du). *Proposition de loi*, appliquant aux pétroles, essences et huiles minérales, le régime institué pour l'achat et la vente en gros de l'alcool d'industrie, présentée par M. *Albert Métin*, député (Chambre des députés, n° 4368).

17 *juin* 1919 (Annexe au procès-verbal de la séance du). *Projet de loi* instituant le monopole d'achat et l'importation des huiles raffinées et des essences de pétrole, présenté par le *Gouvernement* (Klotz). (Chambre des députés, n° 6312).

7 *juillet* 1919. *Amendement* au projet de loi instituant le monopole d'achat et d'importation des huiles raffinées et des essences de pétrole, présenté par MM. *Barthe, Aubriot*, etc.

29 *avril* 1920 (Annexe au procès-verbal de la deuxième séance du). *Proposition de loi* concernant la réglementation des concessions et des recherches de pétrole en Algérie, présentée par M. *Eugène Lefebvre*, député (Chambre des députés, n° 859).

26 *mai* 1920 (Annexe au procès-verbal de la séance du). *Rapport* fait au nom

quatre étiquettes très distinctes : monopole, régie intéressée, liberté sans réserve, « liberté contrôlée ».

de la Commission des Travaux publics et des moyens de communication pour rechercher dans quelle mesure il est possible de substituer le combustible liquide au charbon pour la traction des chemins de fer, présenté par M. *Lamoureux*, député (Chambre des députés, n° 923).

3 *juin* 1920 (Annexe au procès-verbal de la deuxième séance du). *Proposition de loi* ayant pour objet l'institution d'un régime et d'importation des pétroles et de ses dérivés, présentée par MM. *Boussenot*, *Barthe* et *Lamoureux*, députés. (Chambre des députés, n° 989).

9 *juin* 1920 (Annexe au procès-verbal de la séance du). *Rapport* fait au nom de la Commission des Finances chargée d'examiner le projet de loi portant fixation du budget général de l'exercice 1920. Ministère des Travaux publics. Chapitre C^6, C^7 et C^8 (Essence et Pétrole), par M. *Charles Leboucq*, député (Chambre des députés, 1033).

18 *juin* 1920 (Annexe au procès-verbal de la deuxième séance du). *Proposition de loi*, tendant à la création d'un Office national des Pétroles et Essences, présentée par MM. *Aubriot*, *Levasseur*, etc., députés (Chambre des députés, n° 1100).

30 *novembre* 1920 (Annexe au procès-verbal de la séance du). *Proposition de loi* tendant à rétablir la liberté du pétrole à partir du 1er janvier 1921, présentée par MM. *Gourin*, *Rocher*, députés (Chambre des députés, n° 1724).

9 *décembre* 1920 (Annexe au procès-verbal de la deuxième séance du). *Proposition de résolution* tendant à la suppression de la taxe de 20 francs par hectolitre, établie par la loi du 25 juin 1920 sur les pétroles, essences, benzols et leurs dérivés, présentée par MM. *Bouilloux-Laffont*, *Chéron*, etc. (Chambre des députés, n° 1782).

14 *décembre* 1920 (Annexe au procès-verbal de la deuxième séance du). *Projet de loi* relatif au régime intérieur du pétrole, présenté au nom du Gouvernement (*Laurent Eynac*) (Chambre des députés, n° 1816).

17 *décembre* 1920 (Annexe au procès-verbal de la deuxième séance du). *Proposition de loi* concernant les sociétés qui désirent se livrer, en France, aux colonies et dans les pays de protectorat, à l'importation, à la vente, à la recherche ou à l'exploitation du pétrole et de ses dérivés, présentée par MM. *Lamoureux*, *Lesaché*, etc., députés (Chambre des députés, n° 1856).

24 *décembre* 1920 (Annexe au procès-verbal de la deuxième séance du). *Proposition de loi* tendant à organiser en France, le commerce et l'industrie du pétrole, présentée par MM. *Raynaldi*, *Bussat*, etc., députés (Chambre des députés, n° 1929).

12 *avril* 1921 (Annexe au procès-verbal de la séance du). *Projet de loi* sur le régime intérieur du pétrole, déposé par le *Gouvernement* (projet Dior). (Chambre des députés, n° 2485).

30 *juin* 1921 (Annexe au procès-verbal de la séance du). *Rapport* fait au nom de la Commission des Mines et de la Force motrice par M. *Maurice Ajam*, député. Ce rapport est suivi de cinq amendements, dont deux présentés par M. *Boussenot*, les autres respectivement par MM. *Barthe*, *Herriot*, *Charles Baron*. (Chambre des députés, n° 2934).

22 *décembre* 1921 (Annexe au procès-verbal de la séance du). *Rapport* supplémentaire, présenté au nom de la Commission des Mines et de la Force motrice par M. *Maurice Ajam*, député (Chambre des députés, n° 3018).

31 *décembre* 1921 (Annexe au procès-verbal de la séance du). *Avis* présenté au

Nous passerons donc successivement en revue chacun de ces différents systèmes avec les propositions de loi qui s'y rattachent; mais il ne saurait être question dans ce chapitre d'étudier à fond le mécanisme de chacun de ces systèmes, et encore moins d'analyser un à un les travaux parlementaires qui s'y réfèrent : d'autres avant nous[1] ont entrepris cette tâche avec suffisamment de succès, pour qu'il nous soit inutile de reprendre la question autrement que pour en extraire quelques idées générales.

Le monopole. — Il n'est pas sans intérêt de s'arrêter un instant à la question du monopole : on peut supposer en effet qu'au moment des débats parlementaires sur le régime du pétrole — débats remis de session en session —, et quelle que soit à cette époque l'attitude du Ministère au pouvoir, le parti socialiste déposera, comme il le fait généralement en pareille circonstance, un contre-projet organisant le monopole commercial du pétrole. La Chambre et l'opinion auront donc prochainement à se prononcer sur ce problème.

Il n'y a pas grand'chose de particulier à dire sur les différentes propositions de loi rédigées à ce sujet : elles se bornent toutes à établir le principe du monopole, sans entrer dans aucun détail d'organisation, réservant pour plus tard la rédac-

nom de la Commission de la Marine marchande par M. *Fernand Bouisson*, député (Chambre des députés, n° 3706).

23 *février* 1922 (Annexe au procès-verbal de la séance du). *Avis* présenté au nom de la Commission des Finances par M. *Charles Leboucq*, député (Chambre des députés, n° 3955).

23 *mai* 1922 (Annexe au procès-verbal de la deuxième séance du). *Rapport supplémentaire*, fait au nom de la Commission des mines et de la Force motrice par M. *Maurice Ajam*, député (Chambre des députés, n° 4319).

20 *novembre* 1922 (Annexe au procès-verbal de la deuxième séance du). *Proposition de loi* tendant à rendre obligatoire le mélange d'alcool à l'essence par les importateurs de ce dernier combustible dans la proportion minimum de 10 %, et à libérer de toute entrave fiscale la circulation et la consommation de l'alcool dénaturé, présentée par M. *Edouard Barthe* et quatre cents de ses collègues (Chambre des députés, n° 5092).

24 *novembre* 1922. *Amendement* (rectifié) au projet de loi relatif au régime intérieur du pétrole, présenté par MM. *Crolard* et *Charles Baron*.

1. Charles Pomaret, *op. cit.*, p. 175 et suiv.

tion d'un texte définitif : c'est le cas, aussi bien pour les propositions de M. Barthe (28 septembre 1916), de M. Connevot[1] (7 décembre 1917), de M. Métin (26 février 1918), de MM. Aubriot, Levasseur, etc. (18 juin 1920), que pour le projet de loi déposé le 17 juin 1919 par le Gouvernement. Ce projet de loi, dont M. Klotz, alors ministre des Finances, était l'auteur, restreignait, d'ailleurs, le monopole à l'achat et à l'importation du pétrole et de l'essence (il consolidait somme toute le régime du consortium); aussi fut-il, de la part de certains députés de la gauche, l'objet d'un amendement qui tendait à le rendre plus compréhensif (amendement Barthe du 7 juillet 1919).

Nous n'exposerons pas les raisons d'ordre théorique qui nous font repousser l'établissement d'un nouveau monopole et préférer le régime de la concurrence et de la liberté : c'est là une question qui ne concerne pas seulement le régime du pétrole, mais toute l'organisation économique d'un pays. Après l'inhabileté désastreuse dont l'État a fait preuve pendant la guerre, toutes les fois qu'il s'est avisé de faire profession de commerçant — que ce soit pour le ravitaillement de la population civile en denrées alimentaires ou pour l'armement des navires marchands[2] — et au moment où le Parlement annonce son intention de renoncer à l'exploitation des chemins de fer par l'État, pour la concéder à une organisation privée, ce serait un contre-sens économique par trop évident que de songer à créer un nouveau monopole.

Aujourd'hui, les hommes politiques, même les moins hostiles à l'Étatisme, s'ils n'osent renoncer ouvertement au monopole — et cela sans doute par tactique parlementaire —

1. Le monopole, proposé par M. Connevot, englobait le sucre et l'alcool, en plus du pétrole.

2. Voir, sur l'État commerçant, le rapport édifiant fait au nom de la Commission des Finances, chargée d'examiner le projet de loi portant fixation au budget général de l'exercice 1920 (ravitaillement général) par M. Charles Leboucq, député (annexe à la première séance du 25 avril 1920. Chambre des députés, n° 806).

Voir aussi, à propos de la liquidation de la flotte marchande de l'État, le *Bulletin des Armateurs de France* du 17 juin 1921.

s'efforcent du moins de *commercialiser* de plus en plus les monopoles d'État. Et c'est là, selon nous, le réquisitoire le plus véhément que l'on puisse prononcer contre ce mode d'exploitation. Si l'on veut chaque jour davantage créer l'*autonomie* des services et les organiser sur le modèle des entreprises privées, c'est que les faits prouvent d'eux-mêmes la supériorité du système de l'entreprise privée[1].

La régie intéressée. — Les inconvénients, pour nous très apparents, des monopoles d'État, n'ont pas convaincu certains adversaires irréductibles de la liberté commerciale, qui pensent éviter les dangers de l'Étatisme et les abus de la liberté, par la création de régies intéressées.

C'est évidemment de cet esprit que s'inspire la proposition de loi Boussenot du 3 juin 1920[2], qui décide (article 14) que « les bénéfices nets de chaque maison de vente et de distribution en gros des pétroles, essences, seraient attribués à raison de 50 $^0/_0$ à l'État Français ». Sur l'organisation et le fonctionnement de la régie intéressée, pas un mot : cette proposition laisse sans doute au Gouvernement le soin, s'il se rallie à une telle proposition, de rédiger lui-même le texte complet. Notons en passant combien cette habitude parlementaire, qui consiste à déposer une proposition de loi de principe, en laissant à des décrets ou à des règlements d'administration publique, le soin de fixer les conditions d'application de la loi, est déplorable à tous égards.

La proposition Boussenot ne peut, telle qu'elle est, servir de base à une discussion précise : on doit seulement retenir le principe du partage des bénéfices entre l'État et les commerçants du pétrole. Il est vrai cependant que la régie inté-

1. Sur le rôle essentiel de l'entrepreneur dans l'organisation de la production : Germain Martin, *le Contrôle ouvrier et l'expérience russe.* Paris, 1922.

2. La proposition de loi de M. Albert Métin (26 février 1918) prévoit les monopoles pour les pétroles extraits des gisements nationaux (ce qui lui a valu d'être citée plus haut). Elle relève également de la régie intéressée pour ce qui a trait au commerce des pétroles d'origine étrangère.

ressée est un système connu et qu'il est aisé d'imaginer ce que serait une régie intéressée des pétroles. La régie intéressée est une combinaison qui intervient le plus souvent entre une personne morale publique (habituellement une ville) et un particulier ou une société pour l'exploitation d'un service public : elle participe de la régie directe et de la concession. Les hommes qui, par tempérament, n'aiment pas les conceptions nettes et sont portés à donner leur préférence aux solutions bâtardes, mettent leurs espoirs dans l'extension du système de la régie intéressée. Cette combinaison peut s'appliquer évidemment à la gestion des services publics municipaux, comme l'eau, le gaz, etc., mais aussi à n'importe quelle entreprise où l'État peut en quelque sorte s'associer commercialement.

Le système de la régie intéressée n'est pas un système rigide : il peut comporter beaucoup de variantes. On pourrait, pour les pétroles, prévoir une combinaison calquée, avec les adaptations nécessaires [1], sur ce qui existe depuis 1907 pour le gaz de Paris : un consortium, groupant à nouveau l'ensemble des raffineurs français, devrait se soumettre d'abord à une évaluation de son apport (matériel, outillage, etc.), pour lequel un intérêt de n $^0/_0$ lui serait servi. D'autre part, un intérêt fixe lui serait également assuré pour le capital de roulement indispensable à ses opérations, et dont le montant serait déterminé dans l'acte de constitution de la régie intéressée. Le prix de vente des produits du pétrole serait établi en fonction du prix d'achat *cif*, et dès que le prix de vente au public pourrait être abaissé — compte tenu des variations du prix *cif* dans un sens ou dans l'autre — une prime serait attribuée au consortium [2].

1. On pourrait aussi adopter une forme analogue à celle que revêt l'Anglo-Persian en Angleterre : l'État actionnaire principal de la société. Mais nos habitudes positives rendraient inconcevable l'application exacte du régime anglais : « les représentants du Gouvernement s'interdisant toute ingérence dans les questions commerciales ».

2. Pour encourager le consortium à conclure des contrats avantageux, on pour-

La régie intéressée, qu'elle fonctionne d'après la formule que nous avons indiquée ou sur une toute autre base, soulève pour nous les mêmes objections que le monopole. Comme lui, elle supprime le stimulant de l'intérêt personnel, qui est le grand moteur de l'activité économique : toute entreprise ainsi constituée prend, par la force même des choses, les caractères d'une *administration*, dont le trait dominant est la routine et l'indifférence au progrès. Même si elle conserve une apparence commerciale ou industrielle, sans l'aiguillon de la concurrence, elle se cristallise dans sa forme actuelle.

La régie sécrète donc, quoique moins virulente, la même « toxine » paralysante que le monopole. Si la régie intéressée peut, à la rigueur, se comprendre et se défendre pour un service municipal — qui jouit obligatoirement d'un monopole de fait — il est, à notre sens, tout à fait impraticable, appliqué à une vaste organisation économique comme celle du commerce du pétrole.

La liberté sans réserve. — L'expérience de la guerre a prouvé jusqu'à quel point il était indispensable de disposer de carburants liquides en quantités suffisantes. L'État pouvait-il se désintéresser complètement, fût-ce en temps de paix, du ravitaillement de la France en pétrole et en essence? Nos dirigeants ne l'ont pas cru, approuvés en cela par la grande masse des membres du Parlement : le régime en la liberté pure et simple, tel qu'il existait en 1914, ne compte plus aujourd'hui que de rares défenseurs. Une seule proposition de loi réclame la liberté du pétrole, sans formuler de réserves ; elle date du 30 novembre 1920 et émane de MM. Gourin, Rocher, etc. Mais les auteurs de cette proposition tendaient beaucoup moins à poser les bases d'un nouveau régime qu'à protester contre la prorogation du consortium.

rait aussi lui accorder une prime quand il aura réussi à acheter une cargaison au-dessous des cours du marché.

La liberté contrôlée. — Les partisans les plus résolus de la liberté commerciale se sont vus obligés de faire fléchir leurs principes les plus chers sur le régime du pétrole : le problème est trop capital pour l'existence même de notre pays pour qu'on puisse remettre aux seules initiatives privées le soin de le résoudre. Les intérêts privés, en effet, seront-ils toujours en parfaite harmonie avec l'intérêt général? L'intervention des pouvoirs publics se justifie donc pleinement : elle s'exercera au moyen des restrictions et des obligations qu'elle imposera au commerce des pétroles, théoriquement libre, ou des encouragements qu'elle leur prodiguera.

Les propositions de loi Lamoureux (17 décembre 1920), Raynaldi (24 décembre 1920), et le projet de loi du Gouvernement (12 avril 1921), dit projet Dior [1], les amendements Boussenot, Herriot, etc., les rapports Ajam (30 juin 1921 et 23 mai 1922), et l'avis Leboucq (20 février 1922), reconnaissent tous au Gouvernement le devoir impérieux de ne pas rester, devant le problème du pétrole, spectateur passif. Les divergences surgissent quant à la modalité de l'intervention de l'État. Cette intervention peut relever de deux chefs : de considérations d'ordre militaire, de considérations d'ordre politico-économique.

C'est d'un motif de défense nationale qu'est née la constitution obligatoire des stocks, disposition qui figure déjà dans le régime provisoire.

Répondent à des préoccupations politiques et économiques (ces deux genres de préoccupation sont de nos jours étroitement mêlés) les diverses suggestions relatives à la flotte pétrolière française, à la forme légale à imposer aux sociétés « pétrolifères » françaises, à la création d'un Office (ou Institut) du pétrole [2].

1. Le Gouvernement avait déposé un premier projet de loi, dit projet Laurent Eynac, le 14 décembre 1920.

2. M. Charles Pomaret, *op. cit.*, pages 202 et suiv., a consacré à ces différentes questions de très complets développements. Nous nous bornerons à en retracer une esquisse.

Enfin, le principe de l'addition obligatoire de l'alcool à l'essence s'inspire de considérations à la fois politiques, économiques et militaires.

a) Entretien obligatoire des stocks. — La loi du 9 juillet 1921 a, nous l'avons vu, créé, pour les importateurs de pétroles, l'obligation d'entretenir un stock égal au quart au moins de leurs importations des douze mois précédents. Cette obligation est reproduite dans le projet Dior [1].

Cette disposition, qui assure le maintien en France de quantités d'essence, de pétrole, etc., suffisantes pour faire face aux besoins de l'armée et de la population civile pendant quatre mois, répond à des nécessités militaires trop évidentes pour qu'il soit nécessaire d'insister; le projet de loi du Gouvernement, qui ne frappe de cette obligation que le commerce de gros, crée cependant une source de fraudes et d'injustices qu'il conviendrait de supprimer.

b) Flotte pétrolière. — Faut-il, au moyen de subventions provenant de tel ou tel prélèvement, encourager notre flotte pétrolière? Certes, notre marine marchande, en raison des obligations résultant de l'inscription maritime et de certaines lois sociales, subit un « handicap » sérieux, par rapport aux marines étrangères. Mais alors pourquoi ne pas étendre cette faveur à tous les navires? Un régime exceptionnel ne se comprendrait, pour les bateaux-citernes, que si leur nombre était insuffisant pour pourvoir au ravitaillement de la France; or nous avons constaté qu'il n'en était rien.

Une objection, décisive selon nous, a été soulevée contre la protection, dont on veut faire bénéficier notre flotte-citerne :

1. Comme sanction en cas de manquement à cette obligation, la loi de 1921 prévoit la non-délivrance de licences d'importation. Le projet Dior soumet l'exercice du commerce du pétrole à une autorisation préalable et possède comme arme le retrait de cette autorisation.

elle émane de la Commission de la Marine marchande [1] : la subvention accordée sous les formes prévues constitue, d'après l'avis de cette Commission, une forme déguisée de surtaxe de pavillon et exposerait notre marine, de la part de l'étranger, à d'inévitables mesures de rétorsion.

c) Forme légale des Sociétés « pétrolifères ». — Étant donné l'importance vitale, dans notre Économie nationale, du commerce des pétroles, il importe que des influences étrangères, néfastes à l'intérêt du pays, ne s'y fassent pas sentir. Deux propositions de loi (Lamoureux et Raynaldi) visent la sauvegarde, en droit comme en fait, du caractère français des sociétés « pétrolifères » ; ces propositions de loi répondent à une excellente intention, mais leur application ne serait-elle pas également suivie, dans d'autres pays, par des représailles ? En tous cas, l'alerte a été sonnée bien tardivement : l'ennemi, nous voulons dire les trusts, ont déjà pénétré en force dans la place. Comment les en déloger ? Seul le monopole, s'il était décrété, pourrait les réduire à merci, mais, c'est une arme à deux tranchants. D'ailleurs, il est permis, étant donné les habitudes financières modernes, d'être sceptique sur l'efficacité des dispositions proposées.

d) Office (ou Institut) du pétrole. — On ne peut que souscrire à l'idée de la création d'un organisme officiel, constitué par la réunion de fonctionnaires et de représentants de l'industrie privée, et qui coordonnerait l'étude de toutes les questions d'intérêt général relatives au pétrole. Cet organisme, qu'on appellera Office ou Institut, suivant qu'on veut faire ressortir son rôle actif ou son caractère purement consultatif, serait chargé d'organiser en France un enseignement technique, de donner son avis au sujet de l'attribution de concessions

1. Avis présenté au nom de la Commission de la Marine marchande par M. Fernand Bouisson, député (annexe à la 2e séance du 31 décembre 1921. — Chambre, n° 3706).

pétrolifères, d'encourager au moyen de primes les prospections, etc.

Les fonds nécessaires à la création de cet office seraient prélevés sur les bénéfices du consortium, et les besoins ultérieurs couverts par une taxe perçue sur les importations de pétrole et d'essence.

e) Addition obligatoire de l'alcool à l'essence. — Le mélange obligatoire de l'alcool à l'essence, dont le principe était déjà formulé dans le rapport Ajam (30 juin 1921), a été repris par M. Barthe et inséré dans une proposition de loi (20 novembre 1922), que précède la signature de plus de 400 députés. Les représentants du Nord et ceux du Midi ayant enfin trouvé un terrain d'entente, l'adoption de cette proposition, sous une forme plus ou moins modifiée, paraît donc ne plus devoir tarder [1].

1. La Chambre des députés (2e séance du 26 janvier 1923) vient de voter, presque sans discussion, l'article 17 B de la loi de Finances pour 1923. Cet article entérine l'obligation du mélange de l'alcool à l'essence :

« Six mois au plus après la promulgation de la présente loi, les importateurs d'essence de pétrole et autres, pures ou mélangées destinées à être consommées en France, seront tenus, pour obtenir des licences d'importation, d'acquérir de l'État, chaque mois, une quantité d'alcool éthylique comptée en volume à 15 degrés centigrades et à 100 degrés Gay-Lussac, correspondant à un pourcentage minimum de 10 % en volume de la quantité d'essence par eux dédouanée dans le mois précédent.

La même obligation s'appliquera aux importateurs de benzols, benzines, toluènes, essences de houille pure ou en mélange. Seront cependant exempts de l'obligation les produits employés à la fabrication des matières colorantes et produits chimiques.

L'alcool cédé aux importateurs visés aux deux paragraphes précédents devra être exclusivement destiné à la force motrice.

Des décrets rendus sur la proposition du ministre du Commerce et de l'Industrie et du ministre des Finances fixeront les modalités d'application des dispositions ci-dessus, et notamment, pour chaque année, et avec un préavis de trois mois, le pourcentage minimum obligatoire d'alcool à acquérir, la formule de dénaturation de cet alcool et le prix de cession des alcools purs et dénaturés.

Les arrêtés rendus par les mêmes ministres pourront fixer la composition des mélanges, leur prix de vente en gros, ou éventuellement l'écart de ce prix avec le prix de vente en gros de l'essence, ainsi que les conditions auxquelles ces mélanges devront satisfaire et celles dans lesquelles ils devront être livrés au public.

Au cas d'infraction aux dispositions ci-dessus, le ministre du Commerce sera autorisé à suspendre ou à retirer les licences d'importation. »

La Commission des Mines, consultée à ce sujet, s'est ralliée aux conclusions de la Commission technique (composée de M. Pineau, Patart et Pérard) et soumet les importateurs d'essences, benzols [1], etc., à l'obligation d'acquérir chaque mois une quantité d'alcool éthylique correspondant à un pourcentage minimum de 10 % du volume de la quantité d'essence, de benzol, etc., par eux dédouanés, dans le mois précédent. Des exemptions sont prévues en faveur des produits destinés à l'industrie chimique.

On a mis en doute la valeur des arguments économiques et agronomiques avancés pour défendre cette mesure ; ces arguments paraissent en vérité assez fragiles [2], et en tout cas insuffisants pour légitimer une atteinte aussi profonde aux principes de la liberté commerciale que celle-ci : l'État imposant à une catégorie de citoyens la vente d'un produit fabriqué par une autre catégorie de citoyens. Mais toutes ces discussions sont vaines et doivent s'effacer devant un autre aspect de la question: l'alcool est nécessaire à la fabrication des poudres, et il serait criminel de laisser péricliter l'industrie de la distillation, élément essentiel de la défense nationale.

Une fois admis le principe qu'il faut trouver un écoulement aux stocks de l'État, un débouché au travail des distilleries et qu'on peut seulement atteindre ce résultat par l'intermédiaire de l'essence, le problème du mélange obligatoire alcool-essence [3] se présente sous un triple aspect : 1° quantitatif, 2° technique, et 3° commercial (ou financier).

1. Le pétrole lampant est exclu de cette obligation ; l'adjonction de l'alcool au pétrole n'enlève rien de son pouvoir éclairant, mais abaisse dangereusement son point d'inflammabilité.

2. C'est tout le problème de l'alcool qui est ici en jeu. Nous nous garderons donc bien d'ouvrir ce débat.

3. Nous n'osons pas décerner le nom de *carburant national* à ce mélange ; il ne répond en effet que d'assez loin à la définition qu'en a donnée M. Barthe, l'apôtre convaincu et le champion combatif du carburant national : « tout produit ou tout mélange qui se récolte ou se produit en totalité ou en majorité sur le territoire national, et qui peut être utilisé par les moteurs sans entraîner une dépense exagérée ».

1° On estime que l'État possède en stock à l'heure présente 80.000 tonnes d'alcool à 95° et que les distillateurs ont une production annuelle d'environ 60.000 tonnes[1];

2° Au point de vue technique[2], la principale difficulté à surmonter consiste à assurer la stabilité du mélange alcool-essence. Une commission scientifique, présidée par M. Daniel Berthelot, s'est livrée depuis dix-huit mois à une étude systématique du problème : elle a essayé cent cinquante mélanges différents, fait pratiquer des expériences dans quinze laboratoires, suivi le fonctionnement de moteurs d'automobiles sur de nombreux parcours. La Commission est arrivée aux conclusions suivantes :

a) Le mélange de l'alcool à 95° avec l'essence, en présence

1. Article de M. Maurice Ajam, *L'Exportateur français*, 16 janvier 1923.

2. Tout en adoptant comme prémisses qu'il faut trouver un débouché aux distilleries et que l'essence doit payer pour son parent pauvre, l'alcool, on peut se demander si, en imposant le mélange obligatoire alcool-essence, on ne fait pas fausse route. Certains techniciens ne ménagent d'ailleurs pas leurs critiques à ce système. Voici leur raisonnement :

L'essence de pétrole et l'alcool éthylique sont deux carburants possédant, au point de vue physico-chimique, leurs qualités et leurs défauts propres.

L'essence jouit d'un pouvoir calorifique élevé; mais, dans les moteurs à explosion, au-delà d'une certaine pression, l'essence provoque des phénomènes d'auto-allumage. L'alcool dégage, en brûlant, sensiblement moins de calories que l'essence, ce défaut étant racheté d'abord par une combustion plus parfaite de l'alcool (due à la présence d'oxygène dans les molécules d'alcool), mais surtout au taux de compression plus élevé dont s'accommodent les moteurs fonctionnant à l'alcool. D'autre part, en employant l'alcool seul, on évite les frais coûteux de déshydratation et les dangers de séparation d'un mélange en équilibre instable.

Ces deux carburants si peu faits pour s'entendre, ajoutent ces techniciens, le législateur veut à toute force les unir par un mariage de convenance, oublieux du fait que l'alcool et l'essence apporteraient à la communauté la totalité de leurs défauts et une partie seulement de leurs qualités.

Une technique rationnelle conduirait donc, concluent-ils, à l'emploi séparé de l'alcool et de l'essence dans des moteurs construits en vue de l'emploi exclusif de l'un ou de l'autre des deux carburants.

On peut, il est vrai, améliorer dans une certaine mesure le rendement d'un moteur à essence, auquel on veut faire consommer le mélange alcool-essence, en le soumettant à quelques modifications. Mais qu'une guerre éclate demain, et tout ou presque tout l'alcool ira immédiatement aux poudres : n camions et voitures automobiles, incapables de carburer de l'essence, se trouveront pour longtemps immobilisés. En utilisant de l'alcool pur, on obvie en partie à ce danger puisqu'il y aura à peine $\frac{n}{2}$ moteurs ne marchant pas à l'essence.

d'un *liant* (huile de ricin, éther, etc.), donne de bons résultats, mais est d'un prix de revient trop élevé ;

b) L'alcool absolu est miscible en toutes proportions dans l'essence ;

c) C'est le mélange à 40/50 % d'alcool qui se comporte le mieux, en raison de sa grande stabilité ;

d) L'essence pure est indispensable à l'aviation; mais, pour les besoins de l'automobile, un mélange d'alcool et d'essence donne entière satisfaction.

La fabrication de l'alcool absolu (titrant 99°,7 ou 99°,8) est encore cantonnée dans le domaine semi-industriel. Plusieurs procédés de déshydratation ont été expérimentés : ce sont les procédés Loriette, Marillier et Guinot. C'est ce dernier qui semble le meilleur : il consiste à traiter par le carbonate de potasse non pas l'alcool seul, mais le mélange alcool-essence préalablement effectué.

L'adoption d'un haut pourcentage d'alcool complique considérablement les données du problème économique. Le taux de 10 % primitivement envisagé avait un grand avantage; il permettait, étant donné les quantités respectives d'alcool disponible et d'essence consommée, de réaliser un mélange à dosage uniforme pour toutes les essences. Désormais, il y aura deux espèces de carburants livrés au public, l'essence pure continuant à se vendre à côté du mélange alcool-essence ;

3° A quel prix l'alcool sera-t-il cédé par l'État aux importateurs d'essence? Nous n'avons pas de renseignements précis sur ce point[1], mais le prix de revient de l'alcool absolu sera certainement plus élevé que celui de l'essence. Le carburant de qualité inférieure, alcool-essence, serait donc vendu plus cher que le bon carburant (essence pure) et ne trouverait aucun écoulement. Il est donc de toute nécessité de renverser le sens de la marge qui existe entre les deux carburants. On a proposé, dans ce but, soit de créer une nouvelle taxe sur l'es-

1. M. Maurice Ajam, *loc. cit.*, estime que l'alcool absolu revient à 160 francs l'hectolitre, tandis que l'essence lourde vaut, quai Rouen, 115 francs.

sence pure[1], destinée à dégrever le prix du mélange alcool-essence, soit de fixer par voie administrative l'écart qui doit régner entre les prix de vente respectifs des deux carburants. C'est à un système mixte que le législateur se ralliera vraisemblablement. Il en résultera, en tout état de cause, une hausse de l'essence, que les automobilistes ne laisseront pas d'accueillir avec amertume.

Pour rendre plus aisées les différentes manipulations, afin de taxer plus facilement les prix, etc., on a proposé de grouper les importateurs en un nouveau consortium. Cette « Centrale du carburant national » serait placée sous le contrôle de l'État et procéderait elle-même à la fabrication du mélange alcool-essence, qui serait écoulé dans le public par les organisations de vente des sociétés pétrolières.

Comme on le voit, la question du mélange obligatoire alcool-essence en est encore à la période préparatoire ; on ne passera guère à la réalisation avant l'été 1923.

1. L'article 17 C de la loi de Finances, voté par la Chambre le 26 janvier 1923, consolide, nous l'avons déjà dit, la surtaxe de péréquation afin d'abaisser le prix de cession de l'alcool destiné à la force motrice.

Vu : *Le Président de la Thèse*,
Germain MARTIN.

Vu : *Le Doyen*,
H. BERTHÉLEMY.

Vu et permis d'imprimer :
Le Recteur de l'Académie de Paris,
P. APPELL.

TOURS

IMPRIMERIE DESLIS PÈRE, R. ET P. DESLIS

6, rue Gambetta, 6

TOURS

IMPRIMERIE DESLIS PÈRE, R. ET P. DESLIS

6, RUE GAMBETTA, 6